DIBUJAR
LOS ANIMALES
por Charlène **Letenneur**

Traducción de Unai Velasco

GG

Quiero agradecer especialmente a los grandes artistas
Michel Lauricella y Yohan Lacroix, sin los cuales esta obra
no existiría.
Gracias al equipo de Éditions Eyrolles y a Valérie Monnet.
Gracias a Grégory Breton por su ayuda con el capítulo de los felinos.
Gracias a M. Olivier por la fotografía de la vaca parthenaise.
Gracias a mi hija Moïra y a mi familia por su apoyo incondicional
y su cariño.
Gracias a mis amigos por estar a mi lado.
Mis pensamientos con los maestros que ya no están,
Georges Nawrocki y Michel Gilles.
Gracias a los animales, por ser una fuente infinita de alegría.

Título original: *Dessiner les animaux*.
Publicado originalmente por Éditions Eyrolles, París, en 2025.

Diseño: Sophie Charbonnel

Printed in Bosnia and Herzegovina
ISBN: 978-84-252-3591-7
Depósito legal: B. 9617-2025
Impresión: GPS

Editorial GG, SL
Via Laietana, 47, 3.º 2.ª, 08003 Barcelona
(+34) 933 228 161
editorialgg.com

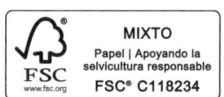

Índice

Introducción

El dibujo de animales es un tema muy vasto, del que formamos parte nosotros mismos. Lógicamente, en esta obra no es posible tratarlo en toda su extensión. Encontraréis la información básica para dibujar siete familias de mamíferos, aves y la especie de peces de aleta radiada. Principalmente me centraré en las especies de animales salvajes y menos en los animales domésticos. El método empleado se basa en cuatro principios fundamentales.

Observar

Dedicaos a contemplar los animales todo lo que podáis. Durante vuestros paseos, en casa, en fotografías, en vídeos, tanto da. No hay nada más importante que la observación y la humildad frente al tema que pretendéis dibujar.

Comprender

Interesaos todo lo que podáis en su forma de vida, pues esta os permitirá comprender mejor su morfología y vuestros dibujos serán más precisos. Sin embargo, tened en cuenta que este libro no es un manual de anatomía. Si os apetece profundizar, consultad la bibliografía al respecto.

Construir

El respeto por las formas y las proporciones de las distintas partes del cuerpo es fundamental para que vuestros dibujos sean correctos. Dedicad tiempo a realizar un boceto consistente antes de completarlo con el detalle de sus texturas.

Inspirarse

La diversidad es la palabra clave que os permitirá esquivar el aburrimiento o la falta de inspiración. Tened en cuenta la diversidad de las formas, pues esta es la clave de vuestra sensibilidad.

La bibliografía que encontraréis al final de este libro os permitirá desarrollar vuestro aprendizaje.

El material

Esta obra contiene más de 165 dibujos hechos a mano alzada mediante lápiz de grafito (**3**) sobre papel de 80 gramos. Para los esbozos yo empleo un lápiz de dureza suave (2H o HB) y a continuación repaso el trazo con uno más graso, como el 2B o el 5B.

Para atenuar ciertas partes constructivas del boceto, aplico con suavidad una goma maleable (**1**).

Finalizo las texturas mediante varios lápices, carboncillos (**4**) o portagomas (**2**).

También me gusta utilizar el difumino (**5**), cargado de polvo de grafito para conseguir un trazo borroso. Tiendo a emplear un afilador de papel de lija (**6**), así como un sacapuntas, para que la mina pueda representar el pelaje.

El dibujo digital se utiliza solamente para realizar algunos esquemas puntuales.

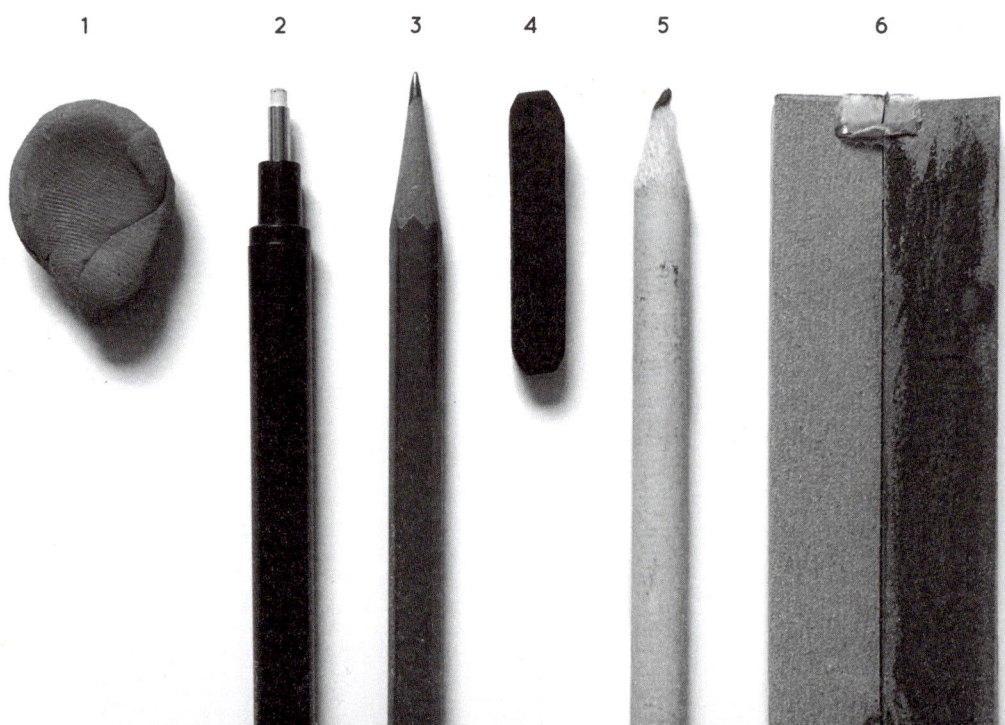

1   2   3   4   5   6

Algunas bases para una buena composición

Existe un esquema común a todos los esqueletos, utilísimo para articular sin equivocarse las distintas partes del cuerpo. Una vez asimilados esos fundamentos, tened en cuenta la forma de vida del animal en cuestión y respetad las proporciones de cada segmento (véase más adelante).

El esqueleto axial

Comprende el cráneo y la columna vertebral (o raquis). Como su nombre indica, se trata del eje de simetría del cuerpo.

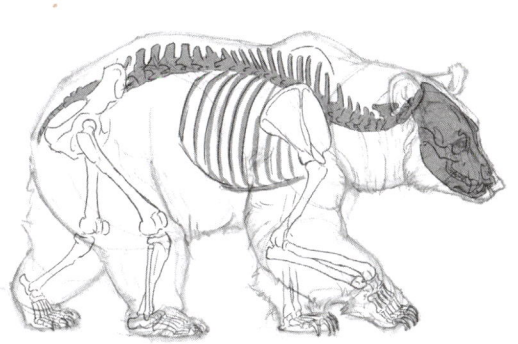
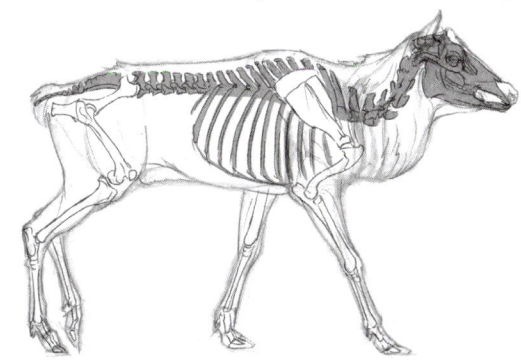

Las cinturas

Son las estructuras que permiten unir los miembros (patas) al esqueleto axial. Hablamos de cintura escapular cuando nos referimos a los miembros anteriores (brazos o patas delanteras) y de cintura pélvica cuando nos referimos a los miembros posteriores (piernas o patas traseras).

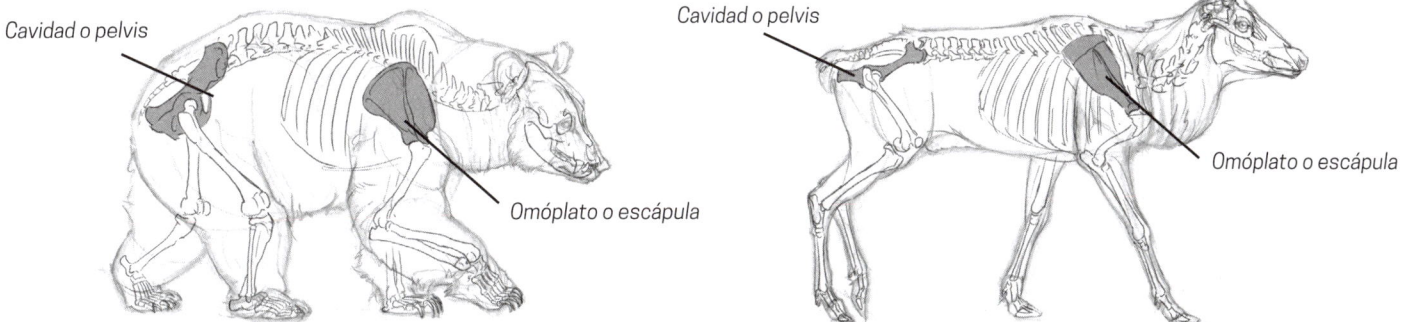

Cavidad o pelvis

Omóplato o escápula

Cavidad o pelvis

Omóplato o escápula

Esquema de los miembros

Después de las cinturas, los miembros están compuestos de tres segmentos:
- El estilópodo (brazo o muslo) comprende un único hueso (húmero o fémur, **1**).
- El zeugópodo (antebrazo o pierna) comprende dos huesos (**2**).
- El autópodo (mano o pie) comprende la muñeca o tobillo, los metas y las falanges (**3**).

¡A los lápices!

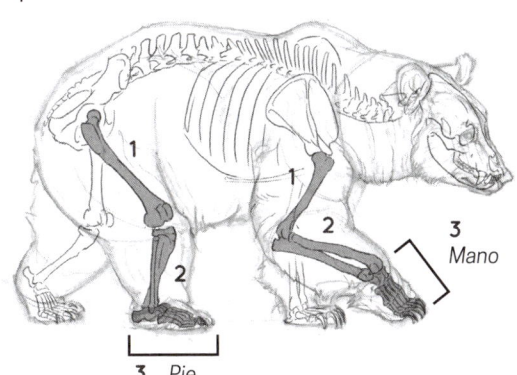

3 *Pie*

Mano

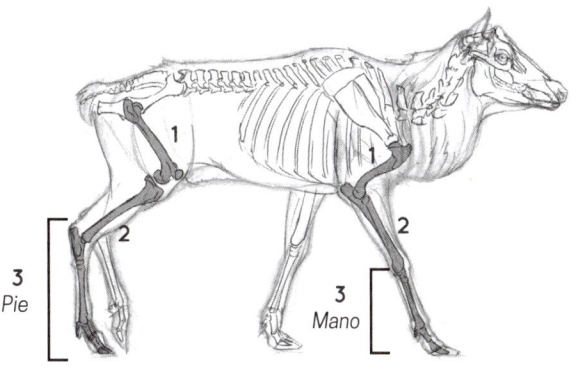

3 *Pie*

3 *Mano*

Los félidos

La familia de los félidos está formada por 38 especies repartidas por la mayoría de los continentes, si tenemos en cuenta el gato doméstico. Del gato herrumbroso al imponente tigre siberiano, encontramos una gran variedad de tamaños y colores, pero todos ellos comparten ciertas características comunes. Se trata de depredadores y su anatomía está perfectamente adaptada para poder correr y cazar. Se desplazan apoyándose sobre los dedos, de modo que ni los talones ni los tobillos están en contacto con el suelo: son **digitígrados**.

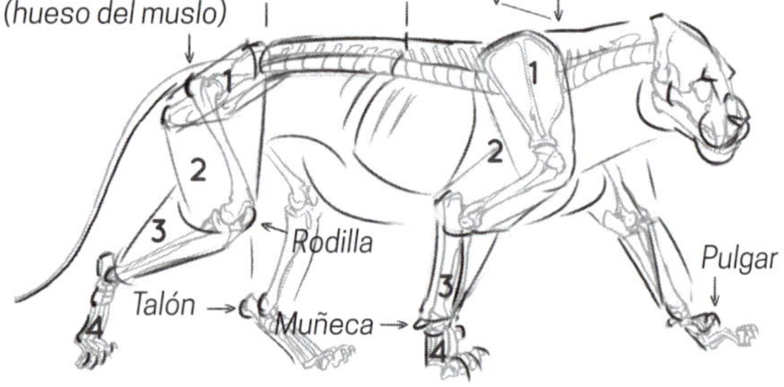

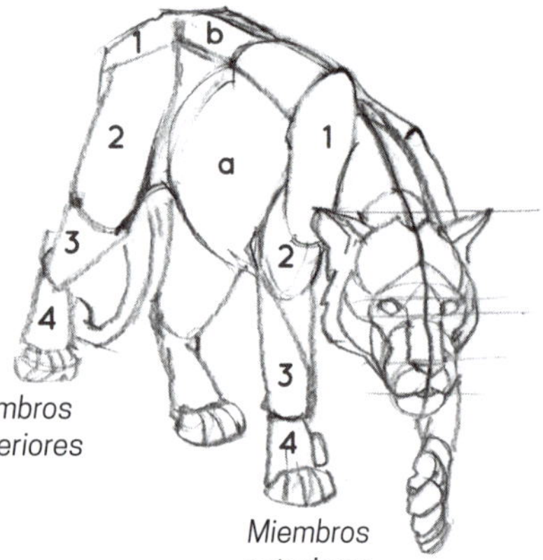

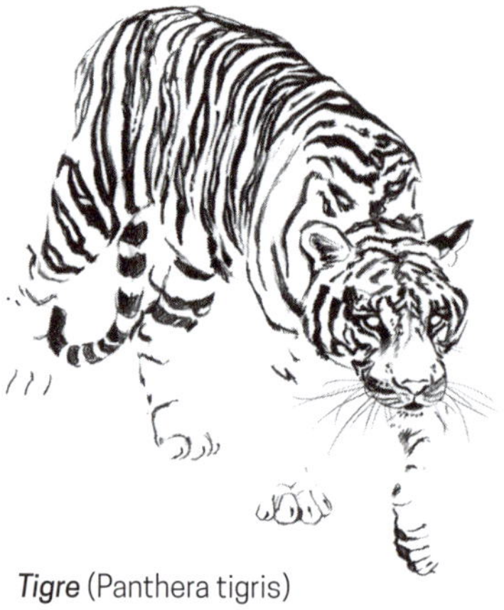

Gran flexibilidad de la columna vertebral
Fémur (hueso del muslo)
Gran ductilidad de los hombros
Rodilla
Talón
Muñeca
Pulgar

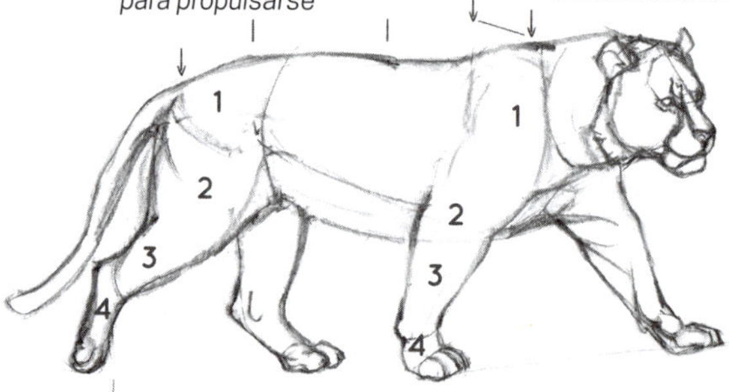

Potentes miembros posteriores para propulsarse
Ojos en la parte frontal del cráneo
Hocico corto

Miembros posteriores
Miembros anteriores

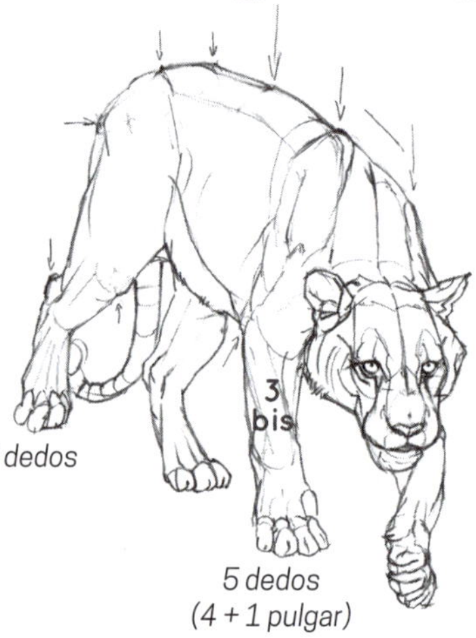

4 dedos
5 dedos (4 + 1 pulgar)

Tigre (Panthera tigris)

Simplificar los volúmenes

Servíos de las siguientes referencias para construir vuestro dibujo:

- el **eje de la columna vertebral** (en la mitad longitudinal del cuerpo);
- la **cabeza** (véase la página siguiente);
- el **cuello** (cilindro oblicuo);
- los **miembros anteriores**: dos omóplatos oblicuos capaces de subir y bajar independientemente el uno del otro (**1**), brazo (**2**) y antebrazo (**3**) articulados entre ellos por el codo, mano de cinco dedos con el pulgar (**4**). Entrecruzamiento de los dos huesos del antebrazo (**3 bis**); fijaos en cómo el volumen del radio pasa por encima de la ulna;
- la **caja torácica** es aplanada por el lateral (**a**);
- la **zona de las lumbares** es musculosa (**b**) y el **abdomen** tiene poco volumen por lo general;
- los **miembros posteriores**: cavidad (**1**), muslo y pierna articuladas entre ellas a través de la rodilla (**2** y **3**), un largo pie de cuatro dedos (**4**).

Detallar las formas

Para añadir realismo al dibujo, emplead la tensión de los tendones, las prominencias óseas y los volúmenes de masa muscular. No os olvidéis de definir los detalles de los ojos, de la nariz y de las orejas.

Dibujar la piel y los motivos

Los colores y los motivos del pelaje permiten a los félidos camuflarse en el entorno. Utilizad los motivos para resaltar los volúmenes y los movimientos (véase la página 8).

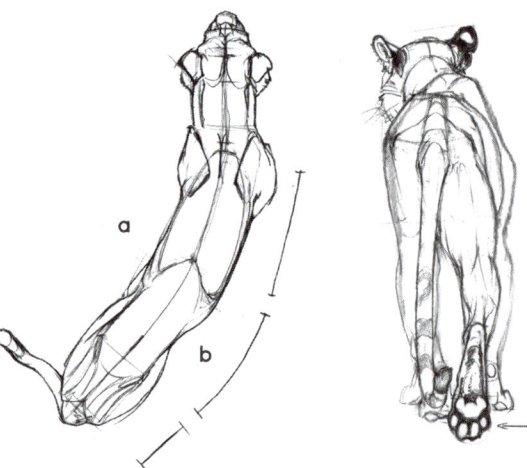

Atención, la movilidad de la cavidad o pelvis no es la misma que la de los omóplatos. Pensadla como un bloque fijado a la columna vertebral.

Notad la presencia de las almohadillas en la zona de apoyo de los dedos.

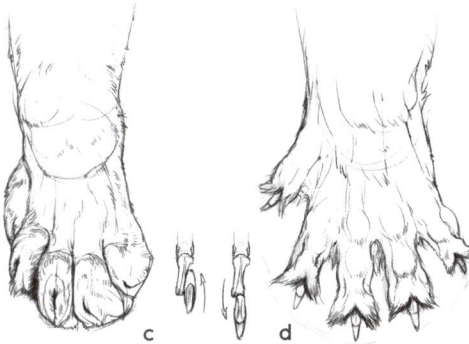

Extremidad del miembro anterior (5 dedos)

Los dedos y las garras

La mayoría de los félidos poseen **garras retráctiles**:

- cuando las guardan, no se ven («patas de terciopelo»). En ese caso vemos que tienen una forma redondeada al final de los dedos. Dicho volumen es el resultado de la yuxtaposición de las dos últimas falanges (**c**);
- cuando sacan las garras, la última falange avanza y se ve mejor la silueta de los dedos y la separación del pelo forma una abertura en forma de «V» (**d**).

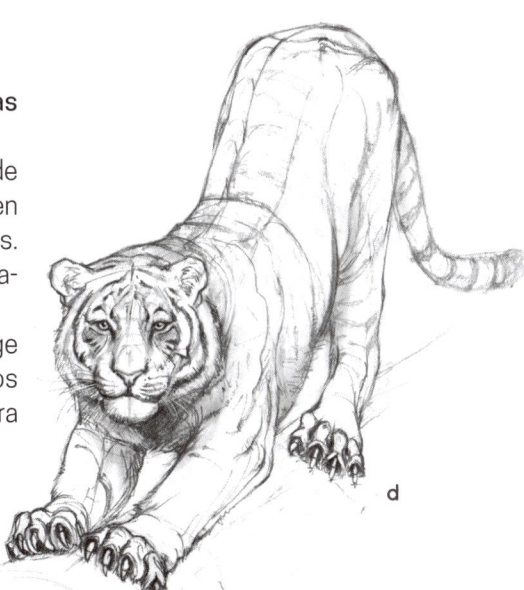

Los principales volúmenes de la cabeza

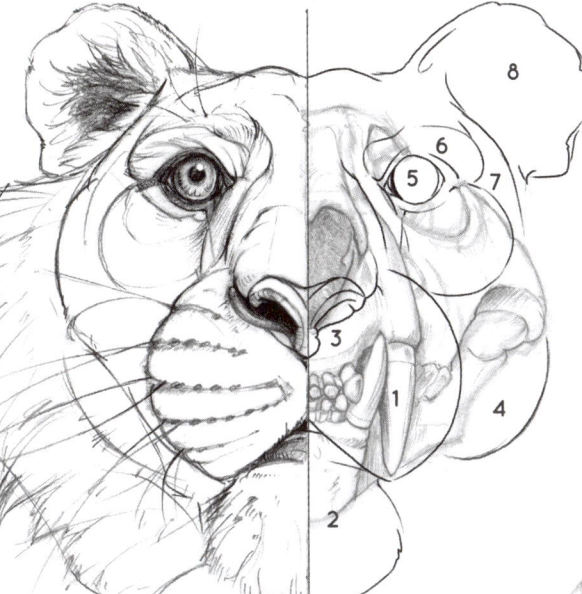

Los gruesos **caninos** están rodeados por el **belfo superior**, que contiene las principales **vibrisas** (bigotes; **1**).
El volumen del **mentón** queda definido por el pelaje que lo recubre (**2**).
El **rinario** tiene una característica forma en «V» (**3**).
La **mejilla** y la parte inferior del ojo están sostenidas por el arco cigomático (**4**).
Los **ojos**, de gran tamaño, están ubicados en la parte frontal de la cara (**5**).
El volumen de la **zona superior del ojo** (**6**).
El volumen del **músculo temporal** (**7**).
Las **orejas**, de gran movilidad, pueden quedar plegadas hacia atrás (**8**).

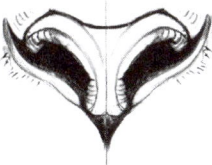

Marcad bien el grueso de los cartílagos de la nariz.

Los caninos inferiores quedan encajados por encima de los caninos superiores.

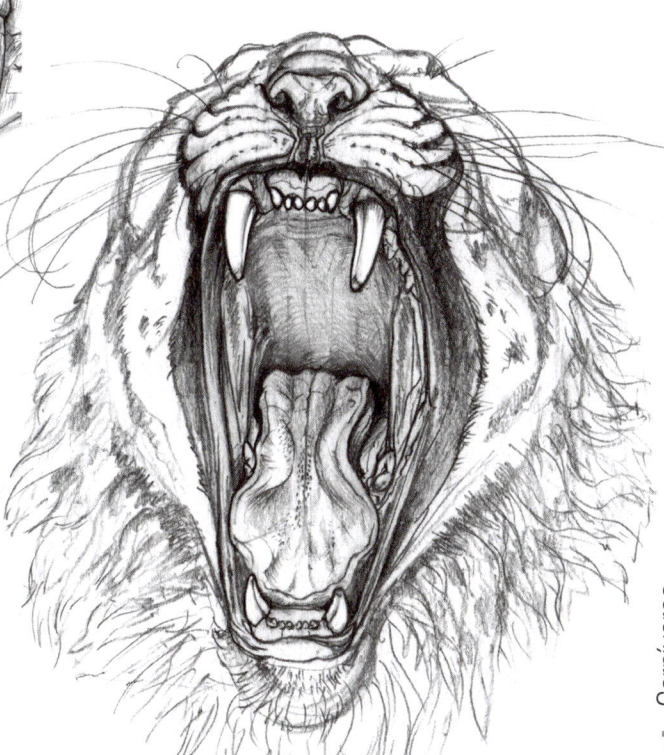

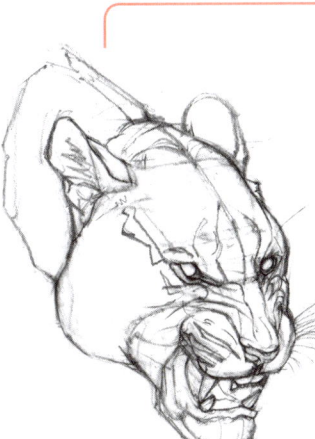

TRUCO

Si retiráis el belfo superior para enseñar los caninos superiores, no os olvidéis de marcar los pliegues de la piel que se forman entre la nariz y los ojos.

La variedad de proporciones y motivos del pelaje

Antes de comenzar, observad y analizad bien las características de la especie que queréis dibujar.

El margay (*Leopardus wiedii*)

Este pequeño felino arborícola de Sudamérica se caracteriza por ser capaz de girar sus tobillos hasta 180°.

Su pelaje presenta los principales tipos de motivos que hallamos en los félidos.

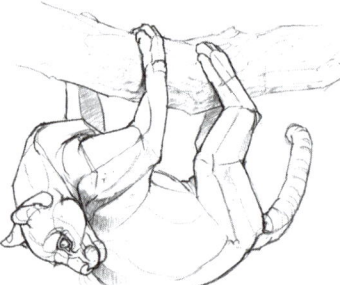

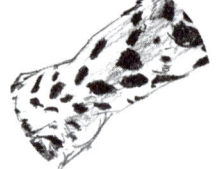

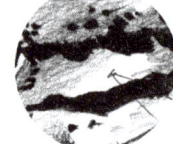

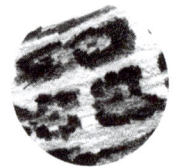

Manchas (guepardos)   *Rayas (tigres)*   *Rosetas u ocelos (panteras, jaguares, etc.)*

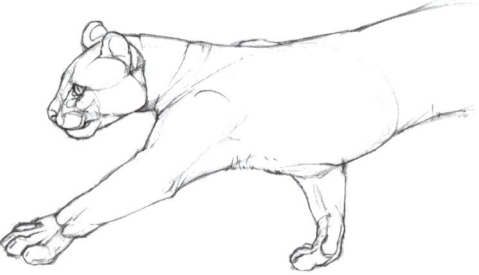

1. Construid los volúmenes.

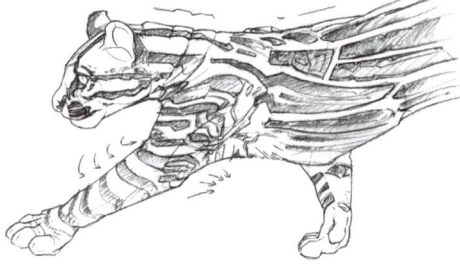

2. Analizad y simplificad la trama de las manchas en relación con el movimiento del cuerpo.

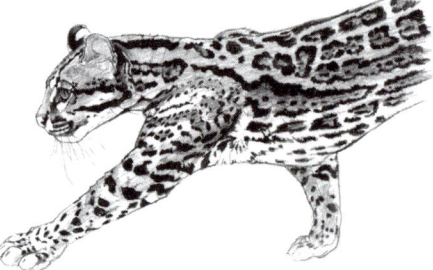

3. Aplicad los motivos sobre la trama simplificada.

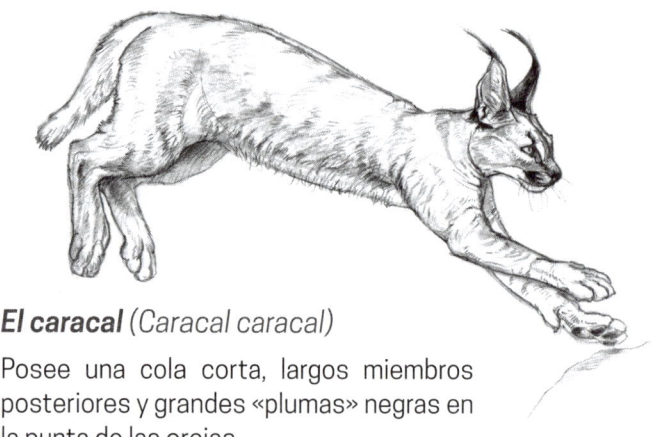

El caracal (*Caracal caracal*)

Posee una cola corta, largos miembros posteriores y grandes «plumas» negras en la punta de las orejas.

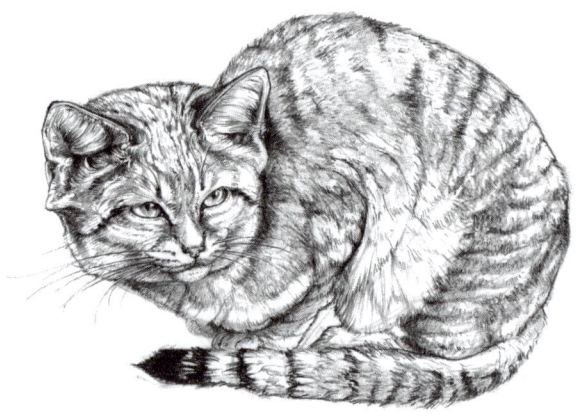

El gato de las arenas (*Felis margarita*)

Esta especie salvaje está adaptada a la vida en ambientes desérticos y áridos. El gato del desierto tiene el pelaje del color de la arena moteado de rayas oscuras. La forma de sus orejas es la de un triángulo de base ancha.

Para dibujar el pelaje

Analizad la dirección, la extensión y la densidad de los pelos. Después, realizad los trazos en la dirección adecuada, evitando ser muy regulares con tal de que el pelaje se vea natural.

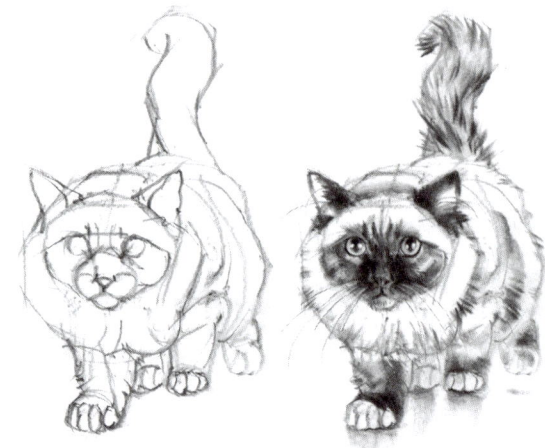

Una vez terminada la parte constructiva del dibujo, restregad el polvo de grafito por el portagomas y aplicadlo en el sentido del pelo. Así lograréis otorgarle un aspecto tupido y revuelto al pelaje de vuestro gato doméstico (*Felis catus*) de raza **ragdoll**.

Los cánidos

Esta familia de carnívoros gregarios está compuesta de 37 especies. El perro doméstico es una subespecie del lobo gris. Las formas salvajes poseen características comunes, pero sus proporciones y su recubrimiento son variables según el hábitat y su modo de vida. Las orejas erguidas, el morro alargado y poblado de dientes, y su elasticidad y resistencia los convierte en cazadores excelentes. Como los felinos, son **digitígrados**, pero sus garras no son retráctiles.

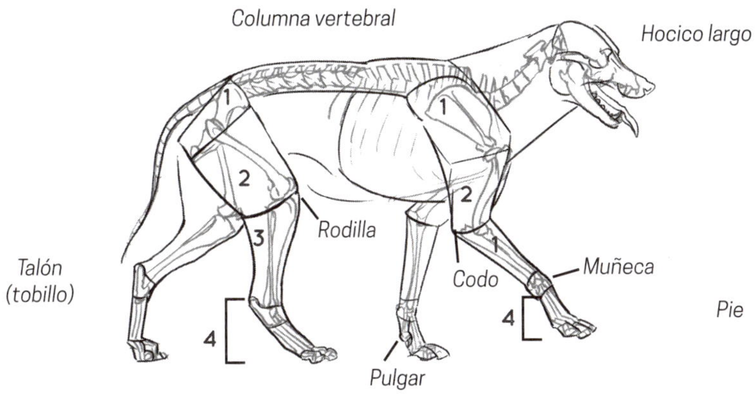

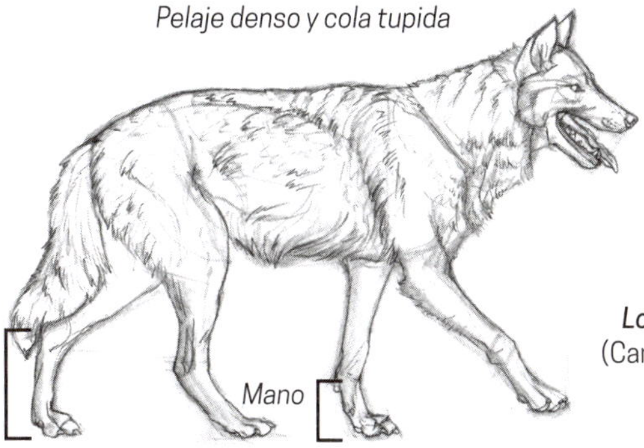

Columna vertebral

Hocico largo

Pelaje denso y cola tupida

Orejas erguidas

Talón (tobillo)

Rodilla

Codo

Muñeca

Pulgar

Pie

Mano

Lobo gris
(Canis lupus)

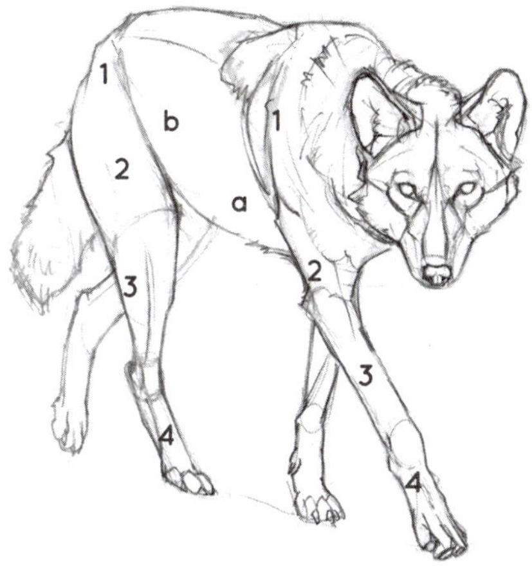

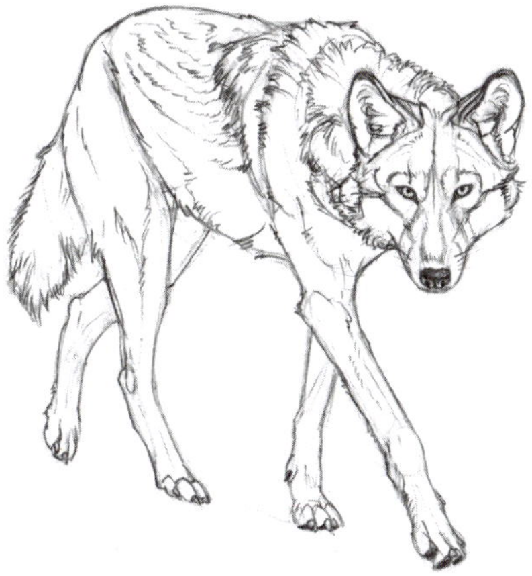

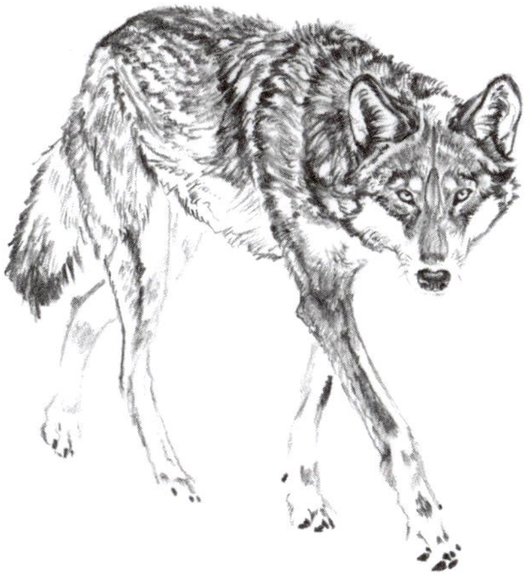

Simplificar los volúmenes

Simplificad las partes del cuerpo a partir de las siguientes referencias:

- el **eje de la columna vertebral** (en la mitad longitudinal del cuerpo);
- la **cabeza** (véase la página siguiente);
- el **cuello** (cilindro oblicuo);
- los **miembros anteriores**: dos omóplatos oblicuos capaces de subir y bajar independientemente el uno del otro (**1**), brazo (**2**) y antebrazo (**3**) articulados entre ellos por el codo, mano de cinco dedos con el pulgar (**4**);
- la **caja torácica** está aplanada lateralmente (**a**);
- la **zona de las lumbares** y el **abdomen** (**b**), que no se prolongan por debajo de la rodilla;
- los **miembros posteriores**: cavidad de un solo bloque (**1**), muslo y pierna articuladas entre ellas por la rodilla (**2** y **3**), un pie alargado formado por cuatro dedos (**4**).

Simplificar el pelaje

Revestid el dibujo del cuerpo simplificado con los volúmenes del pelaje (muy espeso, por lo general). Reflejad la dirección del pelo en los contornos y en determinadas superficies del cuerpo.

Detallar los motivos

Dibujad los motivos respetando las zonas oscuras y las zonas claras. Efectuad los trazos siguiendo los volúmenes del cuerpo y el sentido del pelo.

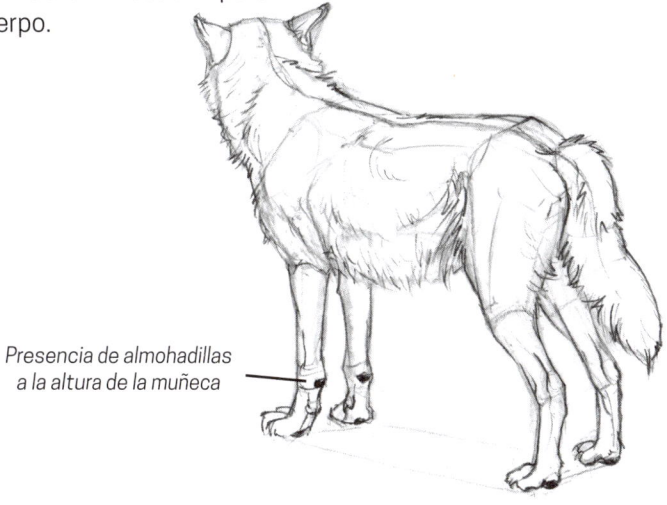

Presencia de almohadillas a la altura de la muñeca

Las manos y los pies

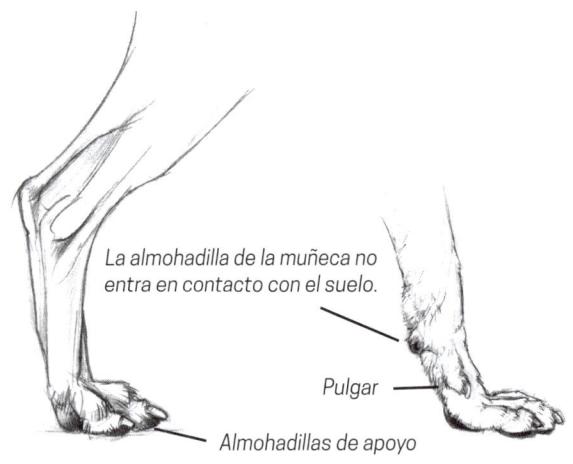

La almohadilla de la muñeca no entra en contacto con el suelo.

Pulgar

Almohadillas de apoyo

El talón y la muñeca no están en contacto con el suelo.
La mano tiene cinco dedos, mientras que el pie tiene cuatro.
Las garras quedan a la vista, ya que no son retráctiles.

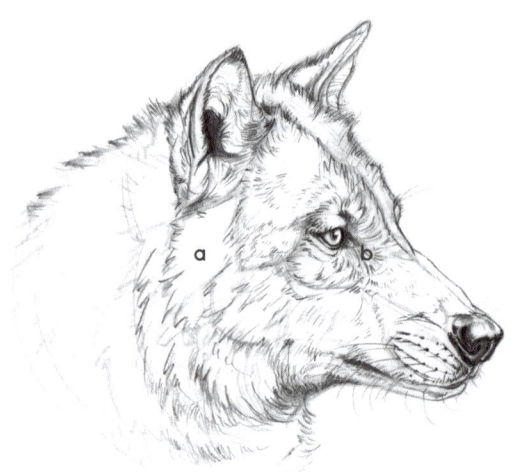

El pelaje

Para dibujar su pelo debéis determinar las zonas generales de cada mata y después indicar la dirección en la zona del contorno (**a**). Detallad el pelo y su dirección en el interior de las matas con un lápiz bien afilado (**b**).

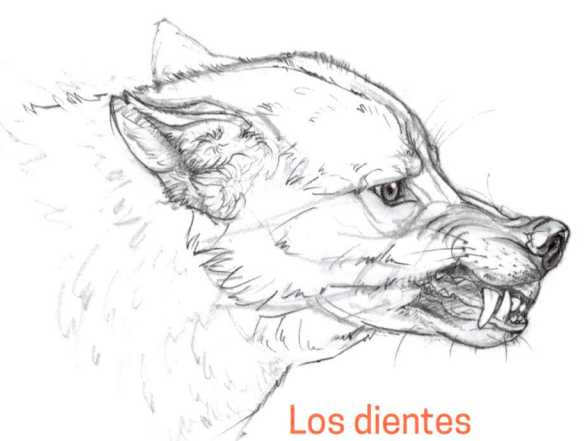

Los dientes

Los cánidos poseen más molares que los félidos.
Cuando un lobo enseña los dientes, el rinario aparece en lo alto del hocico y las encías se hacen muy visibles.

Los principales volúmenes de la cabeza

El **hocico** es largo.
Los **caninos** están cubiertos por el **belfo superior**, con **bigotes** más cortos que los de los félidos (**1**).
El **mentón** es poco voluminoso (**2**).

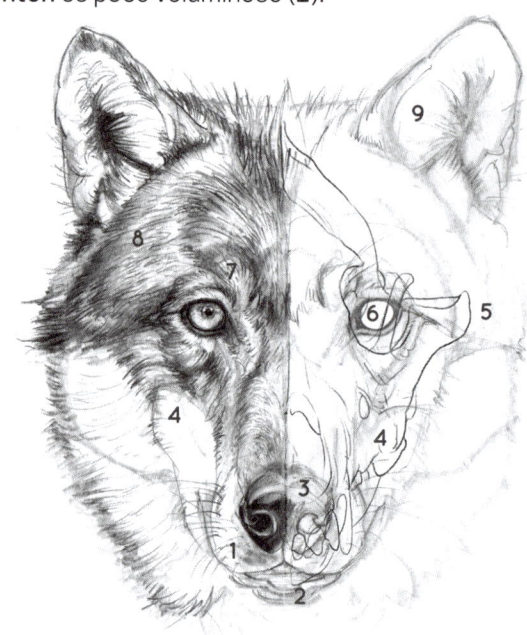

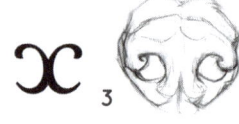

Poseen un **rinario** más grande que el de los félidos. Se puede simplificar en forma de una «C» precedida por otra «C» invertida (**3**).

Un volumen significativo se forma a la altura de los **dientes** carnívoros del **maxilar superior** (**4**).
El **arco cigomático** es grande (**5**).
Los **ojos** están colocados en el frente de la cara (**6**).
El **volumen por debajo del ojo** (una especie de ceja) concede una mayor expresión a su mirada (**7**).
El **músculo temporal** es prominente (**8**).
Las **orejas** erguidas poseen gran movilidad (**9**).

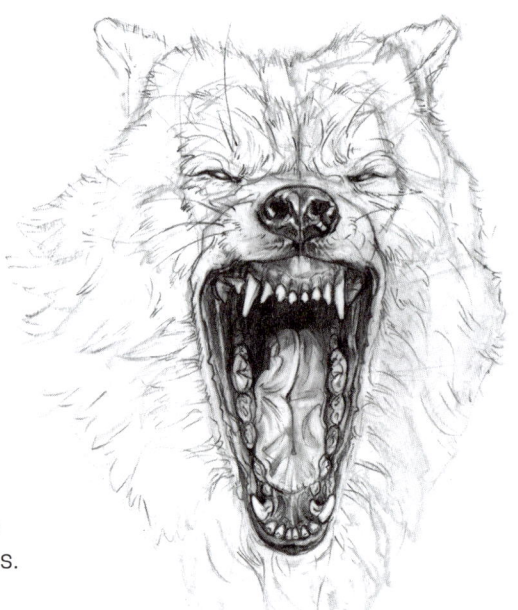

La variedad de las formas salvajes

Al **licaón** (*Lycaon pictus*) se le conoce también con el nombre de «lobo pintado». Su sorprendente revestimiento tricolor es asimétrico. A diferencia de otras especies, sus manos tan solo tienen cuatro dedos.

Utilizad los volúmenes que hemos visto antes para componer vuestro dibujo.

Para colorear rápidamente de gris el dibujo, usad la parte plana de la mina del lápiz. En este caso, mediante un lápiz 5B, hemos podido reflejar todos los valores variando solamente la presión.

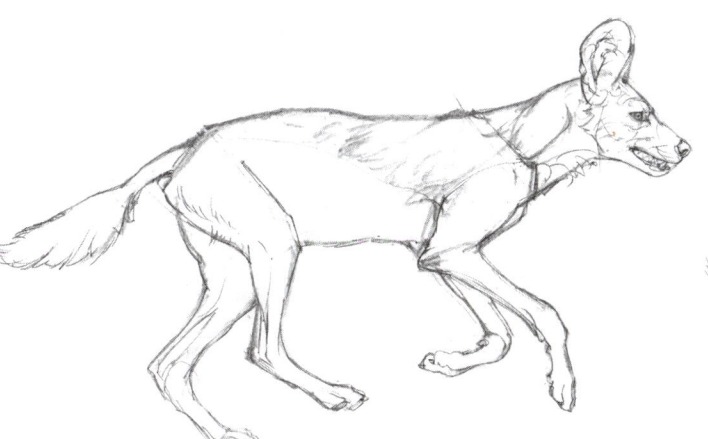

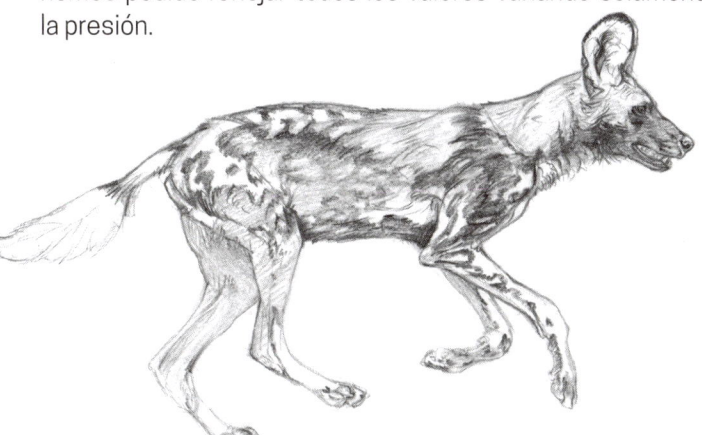

El **otoción** o zorro orejudo (*Otocyon megalotis*) es un pequeño cánido africano que se alimenta fundamentalmente de insectos.
Su pelaje es muy denso, pero ligero. Utilizad la punta de la mina de un lápiz bien afilado para representar la delgadez de los pelos.

Los perros domésticos (*Canis lupus familiaris*)

Son los únicos cánidos que poseen orejas caídas. Su variedad de formas está relacionada con la selección genética operada por los humanos.
Para representarlos, debéis ser rigurosos observando sus proporciones.
Para dibujar un pelaje corto y negro, respetad el valor de los grises. Utilizad el negro solamente para las zonas negras de verdad, y lo mismo con el blanco. El resto es cosa de grises.

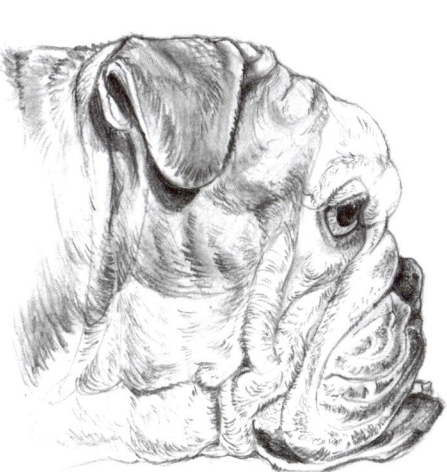

*El **bulldog inglés** posee una gran cantidad de pliegues y tiene el hocico achatado.*

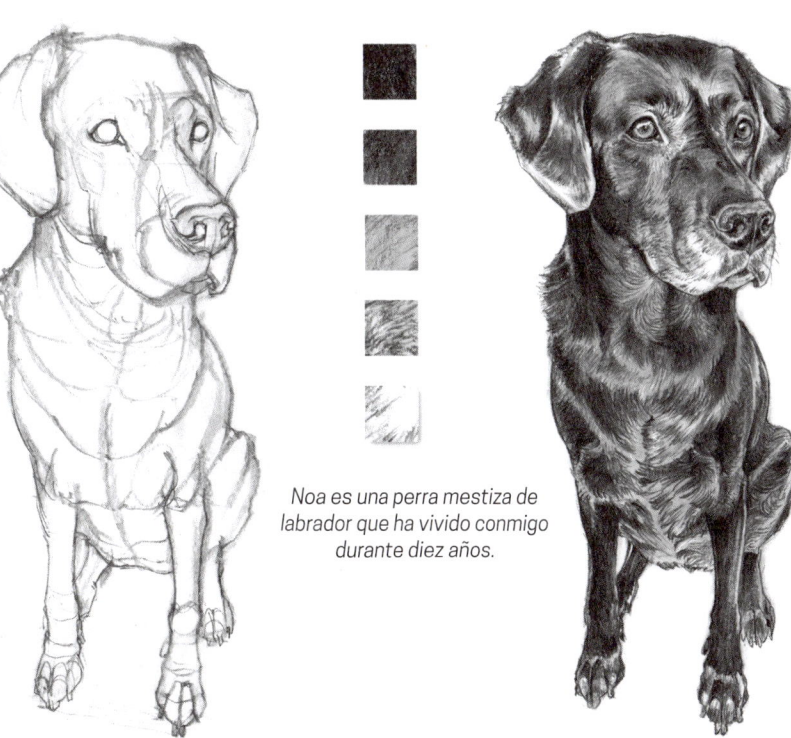

Noa es una perra mestiza de labrador que ha vivido conmigo durante diez años.

Los úrsidos

A pesar de formar parte del orden de los carnívoros, no todos los úrsidos son carnívoros. Tan solo el oso polar se alimenta mayormente de carne animal. Sus ocho especies poseen características comunes. Su cuerpo es compacto, el pelaje es denso y sus miembros anteriores son muy fuertes. Las orejas son redondas y el hocico largo. Los úrsidos son **plantígrados**, caminan sobre la planta de las manos y los pies, todos compuestos de cinco dedos. Sus garras son largas (sobre todo las de las manos) y no son retráctiles.

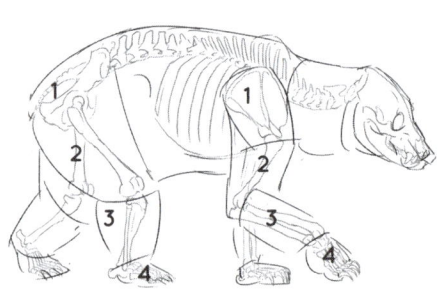

Talón en reposo   Muñeca en reposo

Los omóplatos son anchos, pues articulan los poderosos músculos de sus miembros anteriores.

1: cinturas   3: zeugópodos
2: estilópodos   4: autópodos

Aunque su espeso pelaje constituye lo principal de su volumen, conviene tener por la mano los elementos de su esqueleto.

Debemos ir con cuidado con los largos pelos de la zona de la espalda (**a**), ya que pueden alterar nuestra interpretación de su volumen.

Simplificad las masas antes de definir el efecto gráfico del pelo.

Sus ojos son pequeños.

Almohadillas plantares muy grandes que le permiten una gran superficie de apoyo.

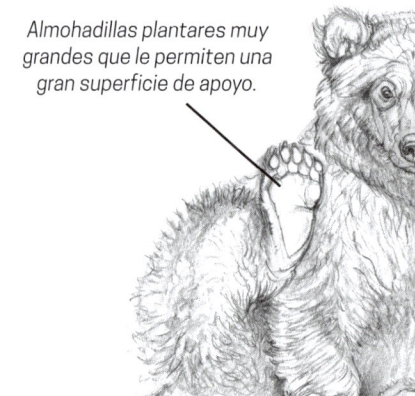

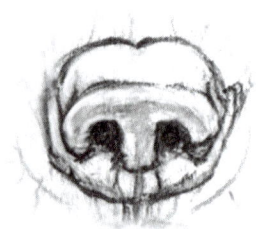

El rinario es ancho y alto.

Cinco dedos en pies y manos

El pelaje dibuja una suerte de collarín elegante, una geometría fácilmente representable.

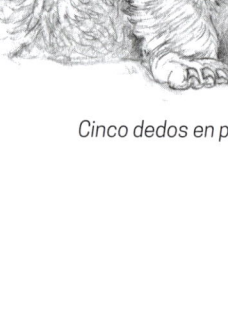

Oso pardo
(Ursus arctos)

A pesar de su enorme masa, los osos son ágiles. Aquí podemos ver una hembra recién parida en alerta, puesta en pie sobre sus patas posteriores para poder vigilar alrededor y asegurar que sus crías están a salvo.

Fijaos cómo la movilidad de los labios permite (entre otros) desvelar los dientes.

La diversidad de las formas

El panda gigante _(Ailuropoda melanoleuca)_

Se alimenta de plantas principalmente. Este animal, endémico de la China, ha desarrollado un falso «sexto dedo» que es, en realidad, el desarrollo de un hueso de la muñeca y que le permite agarrar bien su alimento.
Su famoso pelaje blanco y negro le sirve (entre otras cosas) para camuflarse en el paisaje nevado. Inspiraos en sus manchas para trabajar los negros con los medios adecuados (tinta china, carboncillo, acrílico, etc.).

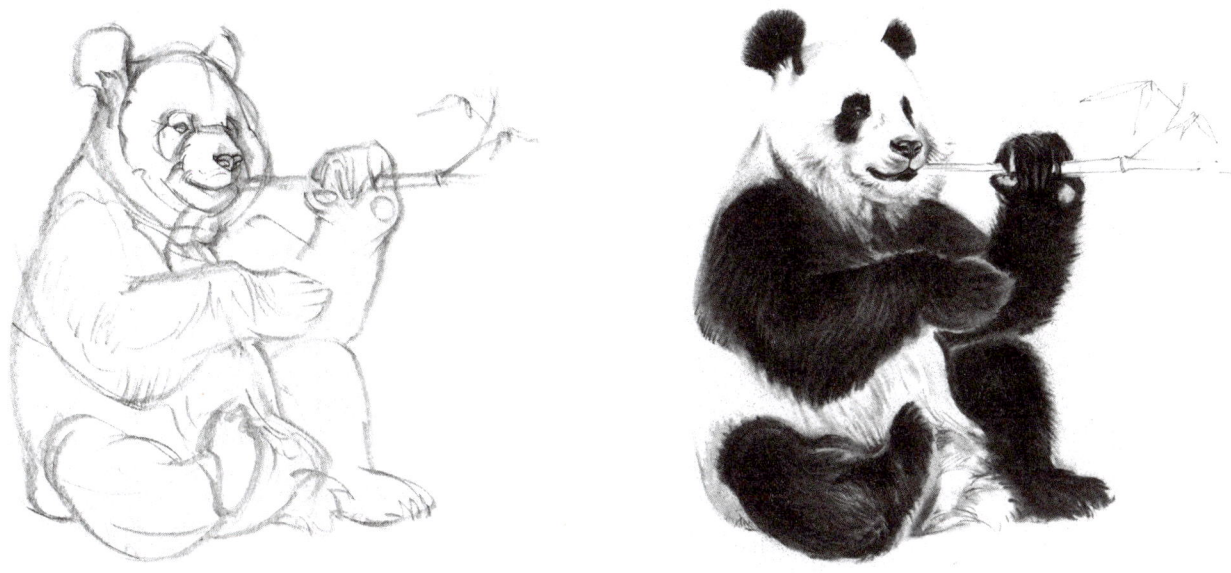

Fijaos en cómo, antes de pasar al carboncillo, he preparado la construcción del cuerpo. Para lograr negros intensos y el juego gráfico de siluetas utilizo una nueva hoja encima de mi trazado preparatorio con ayuda de una mesa de luz.

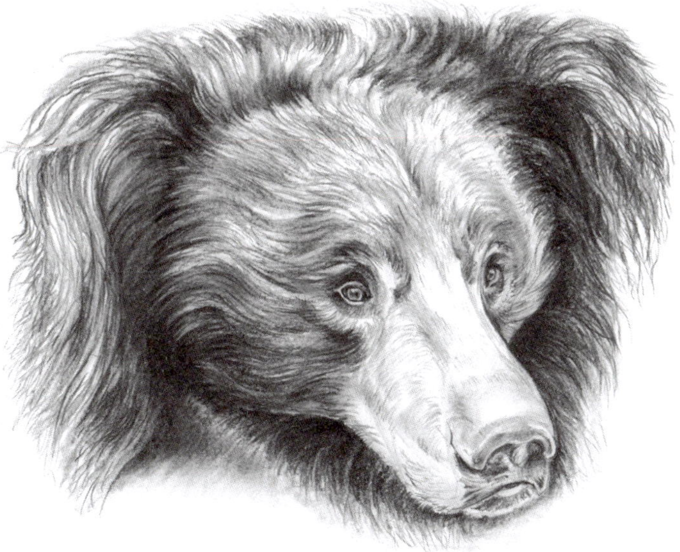

El oso perezoso _(Melursus ursinus)_

Su hocico es largo y sus labios tienen mucha movilidad. Su denso pelaje le permite protegerse de los ataques de insectos, de los cuales se alimenta principalmente. Es la figura más indicada para practicar el dibujo del pelo. Armaos de paciencia: un resultado visualmente satisfactorio requiere horas de trabajo (en este caso, 3 horas).

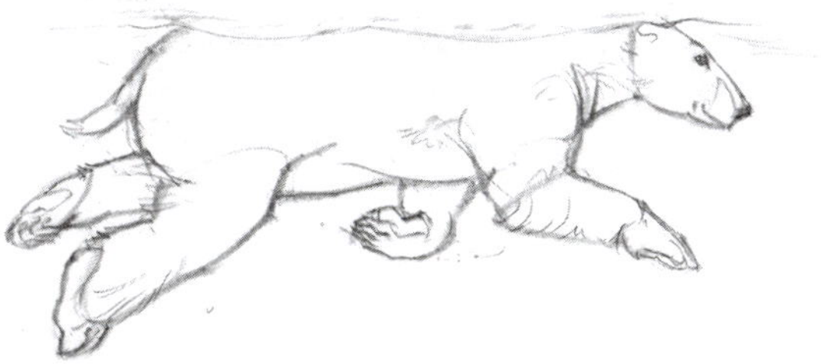

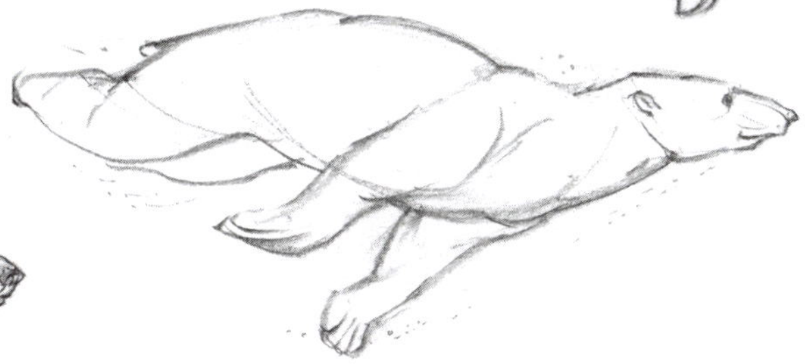

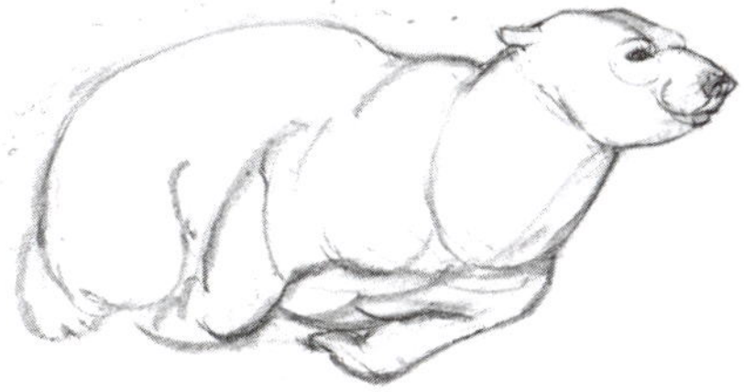

El oso polar
(Ursus maritimus)

Su silueta favorece el hidrodinamismo. En efecto, su cabeza en punto y su cuerpo alargado logran hacer de él un nadador formidable.

Carnívoros

Los équidos

Esta familia de mamíferos está formada por ocho especies del solo género *Equus*. Entre ellos encontramos al caballo, el asno y la cebra, animales herbívoros no rumiantes que viven en grupo. Sus largas patas de una sola pezuña están adaptadas a los desplazamientos rápidos en terreno plano. Se trata de animales **ungulígrados**, pues avanzan apoyándose sobre sus uñas, y **perisodáctilos**, ya que el peso de su cuerpo está soportado por el dedo medio de las manos y los pies.

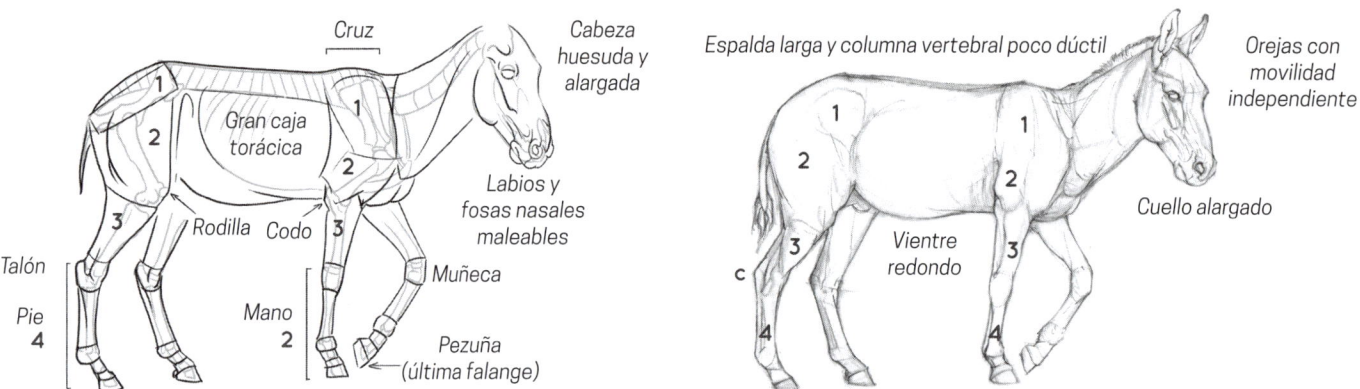

Los autópodos (manos y pies) extensos constituyen buena parte de la longitud de los miembros. Esta morfología permite aliviar el peso de las extremidades y, de este modo, gastar menos energía al correr.

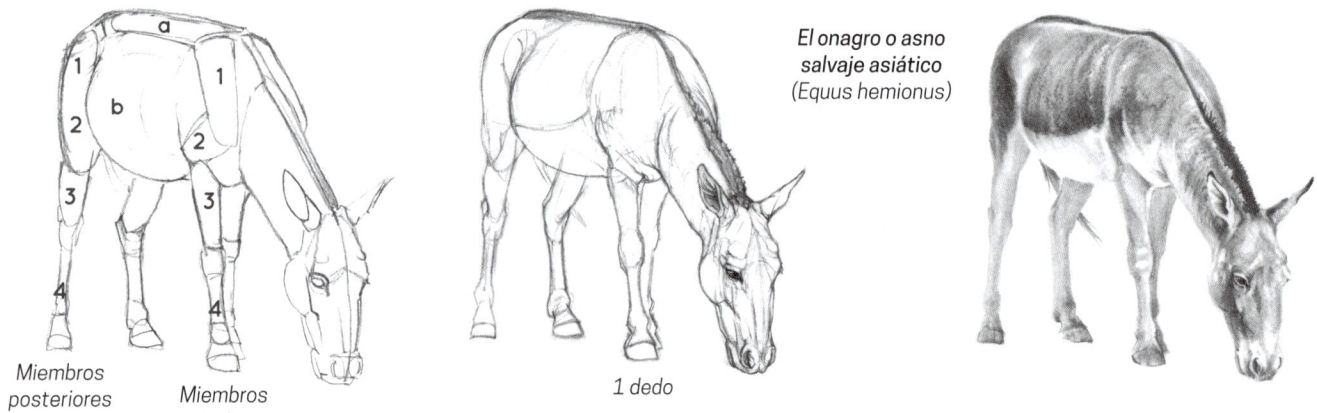

El onagro o asno salvaje asiático (Equus hemionus)

1 dedo

Simplificar los volúmenes

Seguid las siguientes referencias para construir vuestro dibujo:

- el **eje de la columna vertebral** (en la mitad longitudinal del cuerpo; **a**);
- la **caja torácica** y el **vientre** son voluminosos (**b**);
- la **cabeza** huesuda y alargada;
- el **cuello** (largo cilindro alargado lateralmente);
- los **miembros anteriores**: dos omóplatos oblicuos (**1**), brazo (**2**) y antebrazo (**3**) articulados entre ellos por el codo, mano de un solo dedo (**4**), forma «cúbica» de la muñeca;
- los **miembros posteriores**: cavidad oblicua (**1**), muslo y pierna articulados entre ellos por la rodilla (**2** y **3**), largo pie de un solo dedo (**4**), el ángulo «puntiagudo» que forma el talón en el medio de la pierna.

Detallar las formas

Expresad la tensión de los tendones, las prominencias óseas de la cabeza y los volúmenes de las masas musculares. No os olvidéis de perfilar las partes carnosas de los labios y las fosas nasales.

Dibujar la piel y sus motivos

Servíos de la luz sobre el pelaje para resaltar los volúmenes.

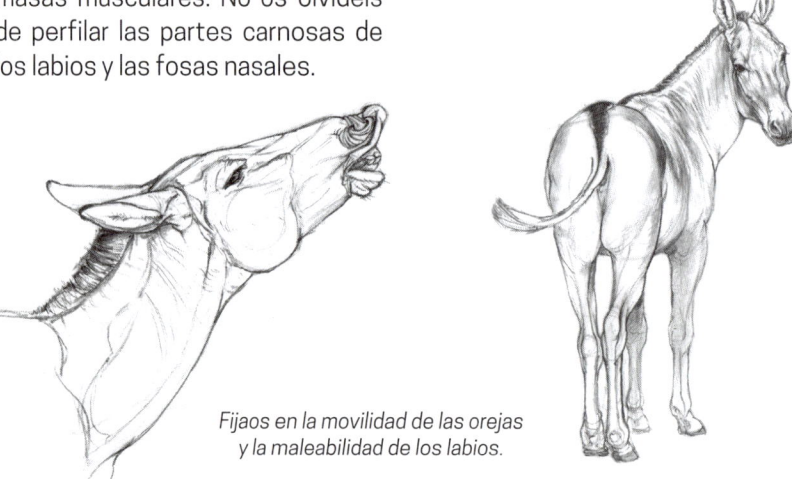

Fijaos en la movilidad de las orejas y la maleabilidad de los labios.

Los animales

14

Los principales volúmenes de la cabeza

Una depresión muy característica forma un hueco por encima de los ojos. Se trata de la **fosa temporal**, bordeada por la protuberancia ósea llamada «**arco cigomático**» (**1**).

Una cresta ósea, la **cresta cigomática** (**2**), arranca debajo del ojo y se prolonga hasta la mitad de la cabeza.

La **mejilla** en forma de medio disco plano está formada por la mandíbula y el músculo masetero (**3**).

En la parte frontal y longitudinal de la cara encontramos las crestas del **hueso nasal** (**4**).

Los **ojos** son grandes y están situados en los laterales (**5**).

Las **orejas** están formadas por un cuerpo tubular y un pabellón en forma de óvalo en punta (**6**).

Las **fosas nasales** son carnosas y pueden simplificarse como un tubo cuya sección forma un «6» (**7**).

Por delante de los **molares** se forma un hueco debido al enorme espacio que existe sin dientes (**8**).

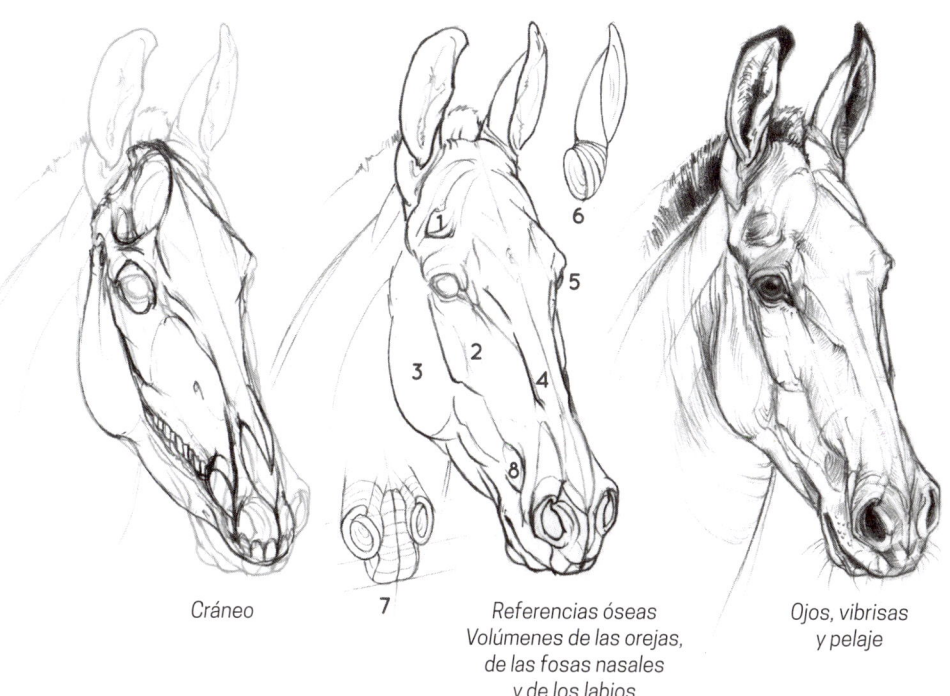

Cráneo

Referencias óseas
Volúmenes de las orejas, de las fosas nasales y de los labios

Ojos, vibrisas y pelaje

Construir un ojo

Los párpados forman una almendra sobre el globo ocular. La pupila es horizontal y las partes carnosas están sembradas de vibrisas.

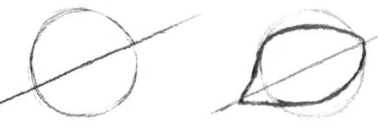 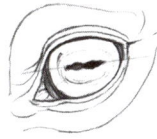 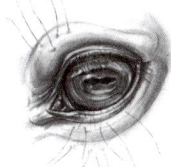

La variabilidad entre especies

La base común de la construcción de la cabeza no debe impediros percibir la variedad de formas y motivos entre especies.

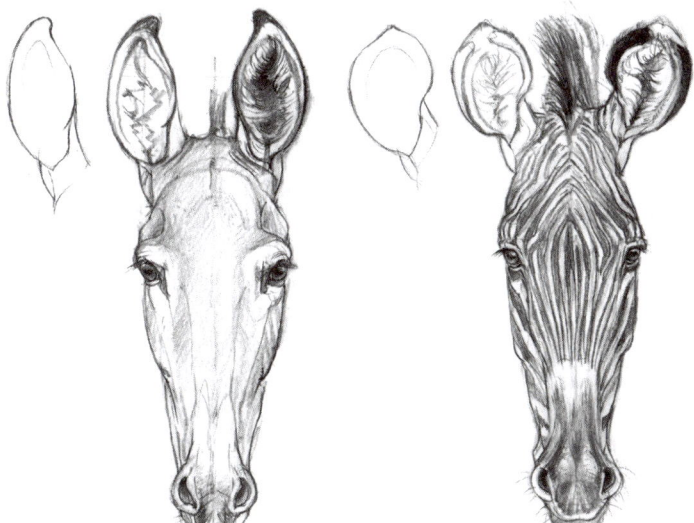

El **asno salvaje de África** (*Equus asinus africanus*) es la especie que da origen al asno doméstico corriente.

La **cebra de Grévy** (*Equus grevyi*) es el mayor de los équidos salvajes y también el más amenazado.

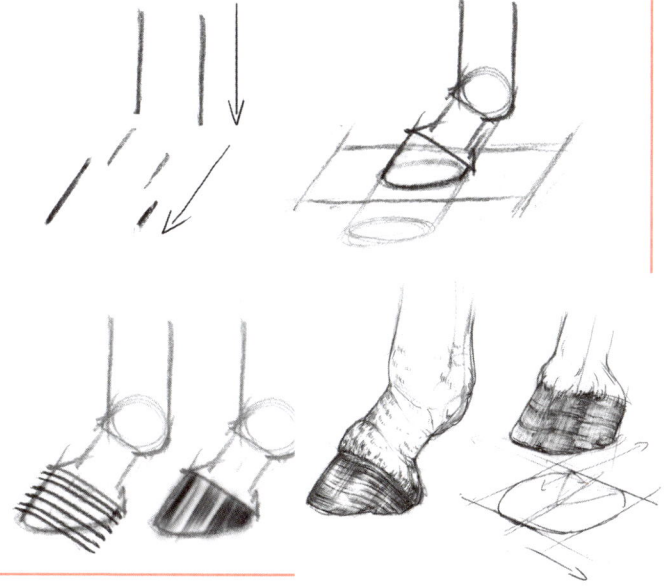

Los aires

Para conseguir una pose realista, es importante conocer los mecanismos del aire de los équidos. En esta página encontraréis los dibujos de sus poses clave, pero existen también otras intermedias que no veremos aquí. Estos ciclos se repiten en un mismo aire. Hablaremos de los tres tipos de aire principales.

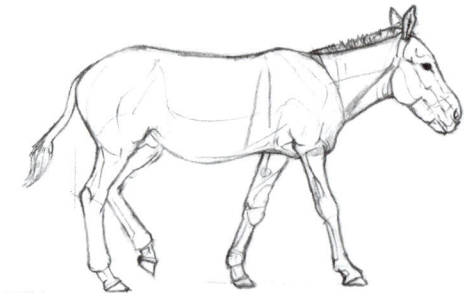

El paso

Este aire en **cuatro tiempos** es el más lento y el más estable. Aquí, el animal posee tres puntos de apoyo.
Observad los dos miembros de un mismo costado (par lateral).

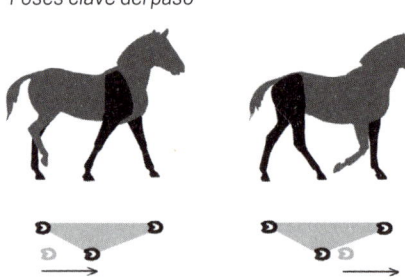

Poses clave del paso

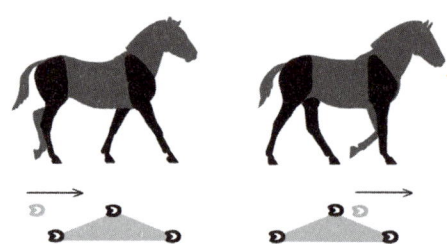

El posterior derecho se levanta y avanza para ir a buscar la posición del anterior derecho, que a su vez avanza.

Los mismo sucede en el costado izquierdo y así en adelante.

El trote

Se trata de un aire intermedio en **dos tiempos posicionales, separados por una fase de suspensión**. Los apoyos se producen sobre un par de miembros en diagonal. Cada pose está separada por una fase de suspensión.

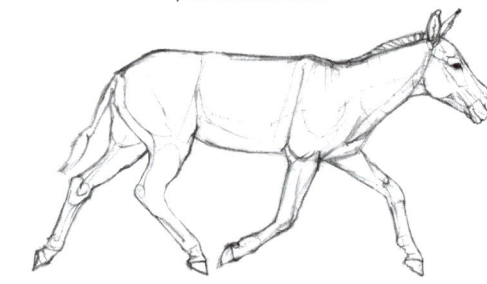

Poses clave del trote

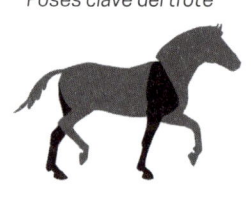

Pose de la diagonal derecha

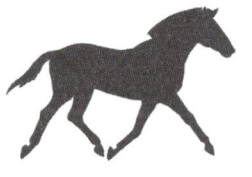

Fase de suspensión del trote en la que ningún miembro toca el suelo.

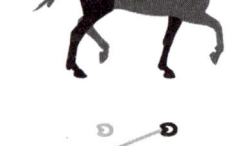

Pose de la diagonal izquierda y así en adelante

El galope

Se trata del aire más rápido. Se desarrolla en **tres tiempos posados, seguidos por una fase de suspensión**. Los apoyos se realizan sobre un miembro suelto o en un par en diagonal.
El ejemplo representado es el del **galope por el costado derecho**, dado que el miembro que avanza más es el anterior derecho.
El animal puede cambiar de costado en sus apoyos y **galopar por la izquierda** (no representado aquí). Estos aires y poses clave (junto a las variaciones de ritmo) las practican numerosos mamíferos cuadrúpedos. Podéis practicar observándolos en otras familias.

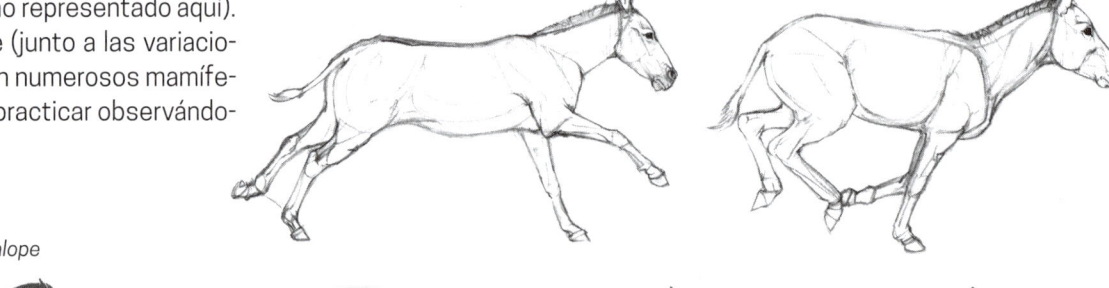

Poses clave del galope

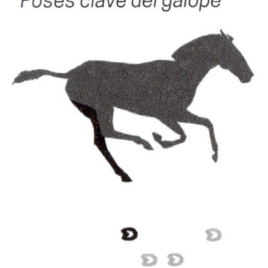

Pose del miembro posterior izquierdo

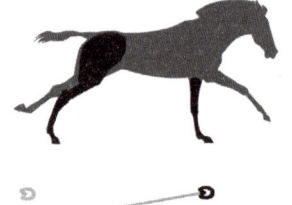

Pose de la diagonal izquierda

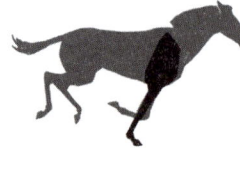

Pose del anterior derecho

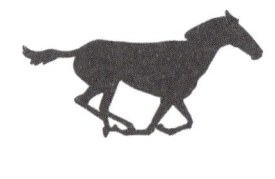

Suspensión

El caballo de Przewalski
(Equus caballus przewalskii)

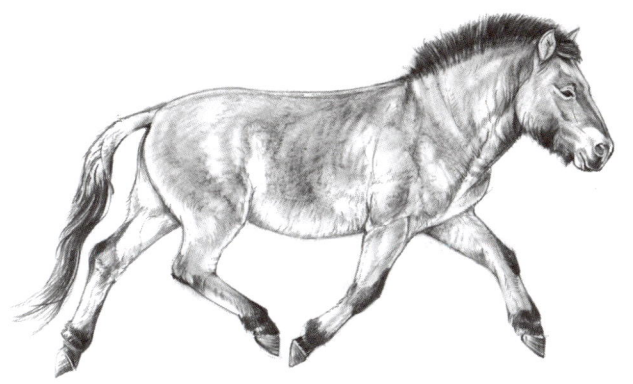

Los caballos de Przewalski son los descendientes salvajes de los primeros caballos domésticos hace 5500 años en las estepas de Asia central, pero no son los antecesores directos de los actuales caballos domésticos, como se ha creído durante mucho tiempo. Los équidos salvajes no tienen una larga crin, pues se trata de un rasgo particular del caballo doméstico. Servíos de la textura del pelo para resaltar los volúmenes del cuerpo.

La diversidad morfológica en los caballos domésticos

Atención, porque la morfología de los caballos domésticos (Equus caballus) ha sido moldeadas por sus criadores, no es natural.

El Shire

Se trata de la mayor raza de caballo doméstico. Este caballo de tiro tiene un cuerpo de gran musculatura y su revestimiento blanco y negro es reluciente. Servíos de los volúmenes del cuerpo para emplazar las luces.

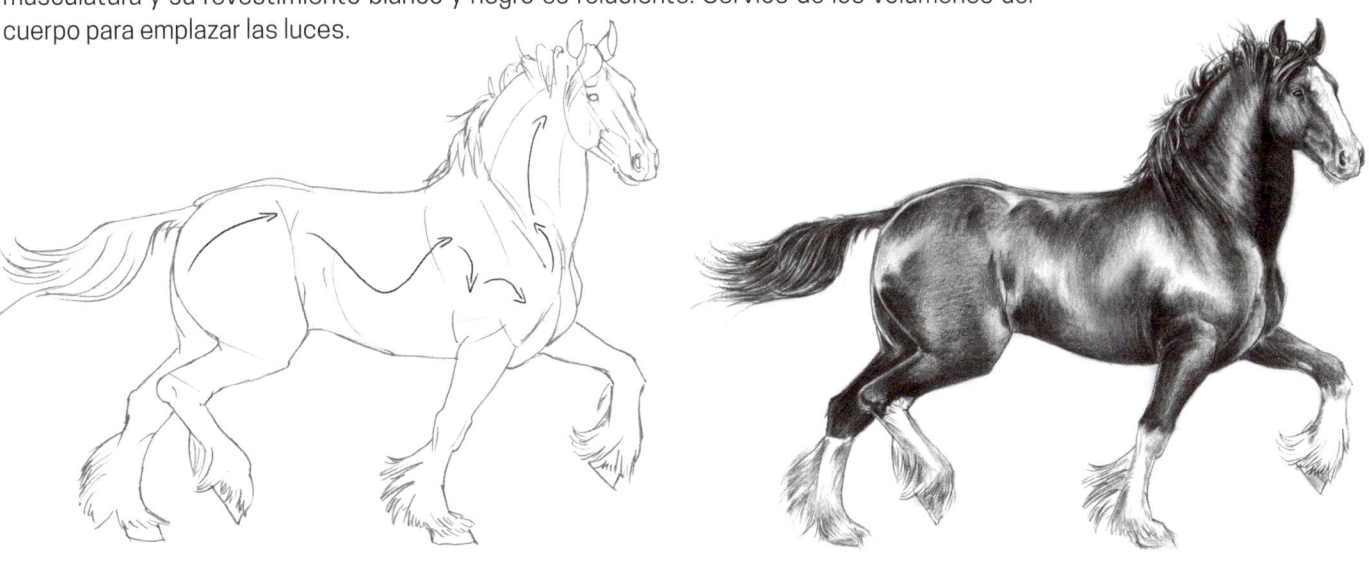

El poni Shetland

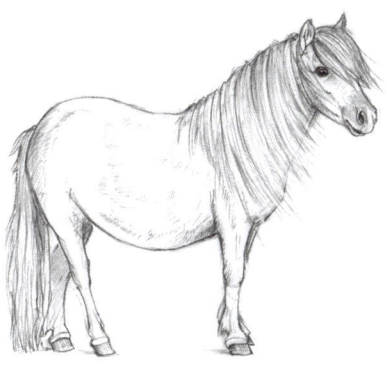

Conocido de sobras entre los niños, es la raza más pequeña de caballo doméstico. Es robusto y posee un vientre redondo, una cabeza corta y una larga crin.

> **TRUCO**
> Para dibujar una crin en movimiento, pensad en unas llamas cuya base estuviera colocada a lo largo del cuello y seguid el movimiento de cabeza de vuestro sujeto.

El pura sangre árabe

Este caballo, con unos cuartos traseros muy resistentes, se caracteriza, entre otras cosas, por su cabeza de forma cóncava y por su cola levantada. Este dibujo, realizado únicamente mediante difuminaciones, ofrece un resultado difuso que refuerza la sensación de movimiento de este caballo en pleno galope.

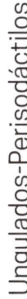

Ungulados-Perisodáctilos

Los bóvidos

Esta familia de mamíferos **artiodáctilos** rumiantes agrupa, principalmente, a los animales bovinos, los caprinos y los antílopes. Se denominan **ungulígrados**, ya que se desplazan sobre las uñas, y artiodáctilos, porque el peso ejercido sobre cada pata es soportado a partes iguales entre dos dedos. La presencia de cuernos permanentes y no ramificados es un rasgo destacado de estos animales.

Los incisivos superiores están ausentes del cráneo de los rumiantes.
La caja torácica de este **búfalo negro** (*Syncerus caffer*) es imponente.

La columna vertebral es bastante rígida. Las vértebras al nivel de los hombros son altas (joroba) y permiten soportar el peso de la cabeza.

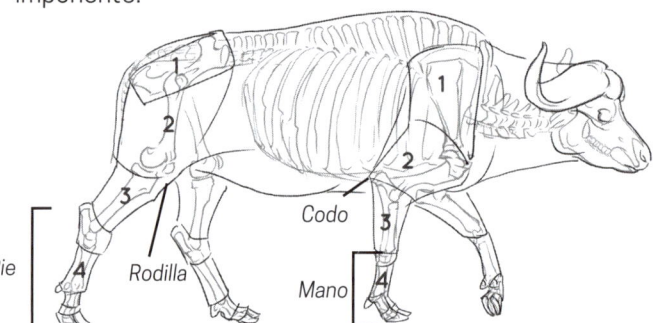

Pie — Rodilla — Codo — Mano

1: cinturas
2: estilópodos
3: zeugópodos
4: autópodos

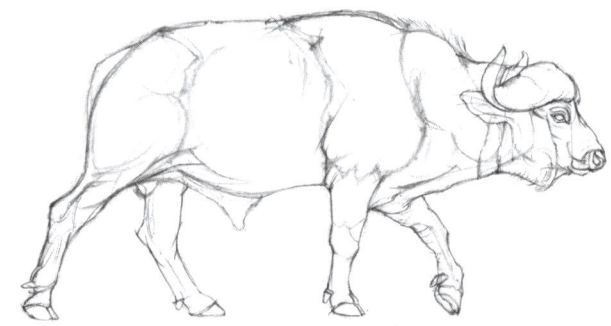

El pie con dos pesuños (pezuña) supone una ventaja sobre los suelos enfangados o accidentados. En los machos, los hombros son macizos.

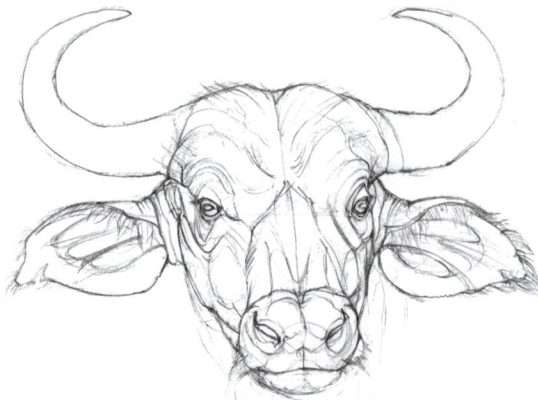

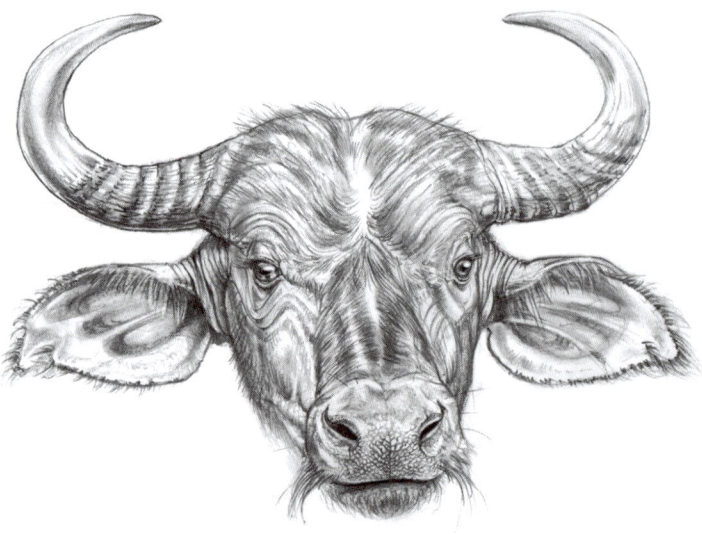

Es importante fijarse dónde se sitúa la implantación de los cuernos en relación con las orejas y los ojos para no equivocarse al dibujar la cabeza.
En las hembras, los cuernos pueden ser más pequeños o bien ser inexistentes.

Podéis observar aquí varias texturas: el hocico es granuloso, la cabeza está cubierta de pelos cortos y los cuernos son lisos y «anillados». Recordad que debéis adaptar los dibujos de las texturas a los volúmenes que las contienen.
Como con los équidos, las pupilas son horizontales.
Las orejas son bajas y a menudo están marcadas por tres surcos.

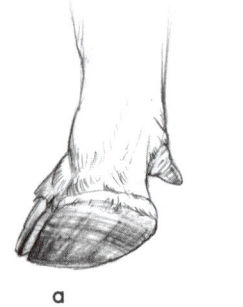

a

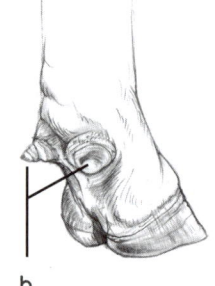

b

Los bóvidos poseen dos pesuños de apoyo (pezuña, **a**) y a menudo dos espolones o pesuños secundarios (**b**). Son dos dedos atrofiados que no están en contacto con el suelo.

La inspiradora agilidad de los bóvidos de menor tamaño

La subfamilia de los caprinos comprende las cabras y los carneros, que son hábiles trepadores. Los machos de ciertas especies poseen cuernos considerables y de formas inspiradoras.

La cabra salvaje de los Alpes (Capra ibex)

Es capaz de correr por los flancos más abruptos de los acantilados gracias a sus grandes uñas, que se «enganchan» a los salientes.

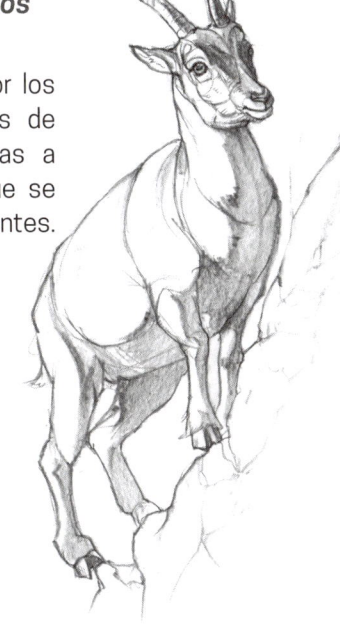

La gacela saltarina (Antidorcas marsupialis)

También denominada gacela o antílope saltarín, sus patas finas y largas le conceden una gran amplitud para escapar rápidamente de los depredadores.

«Antílope» es un nombre vernacular que designa a varios grupos de animales que pertenecen a la familia de los bóvidos.

Inspiraos en la dinámica de poses de estos animales para poner en práctica vuestras líneas de acción.

Dibujar los cuernos

Los cuernos de los bóvidos son perennes, no se les caen.
- Descubrid la forma de la base (**1**) y colocadla sobre el cráneo.
- Dibujad el cuerno a partir de esa base (**2**) respetando las torsiones propias de la especie que habéis escogido dibujar.
- Dibujad la textura adaptándola al volumen (**3**).

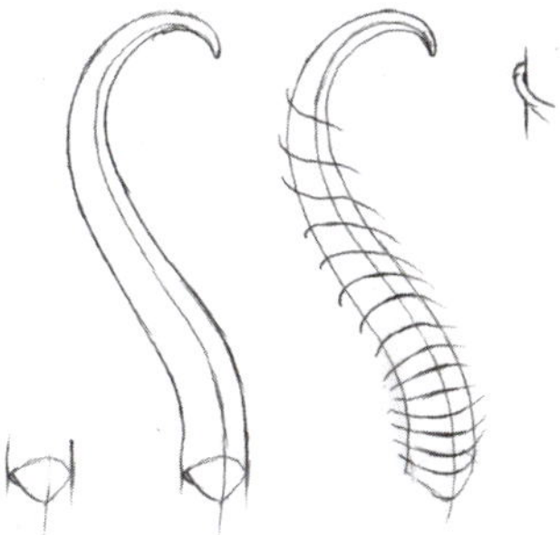

Los cuernos del muflón se enroscan hacia atrás y después hacia delante. Definid su geometría antes de poneros a aplicar la textura correspondiente.

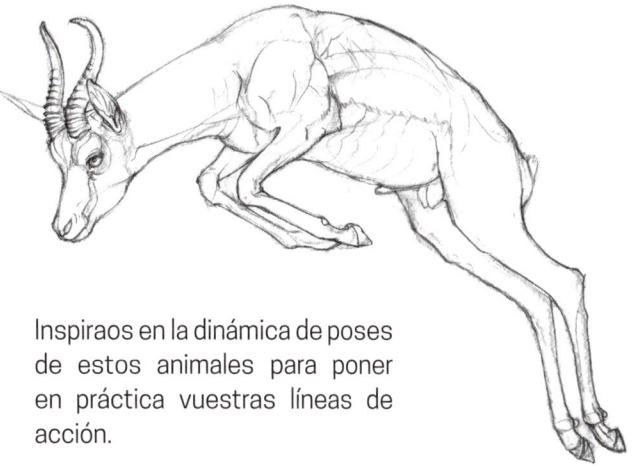

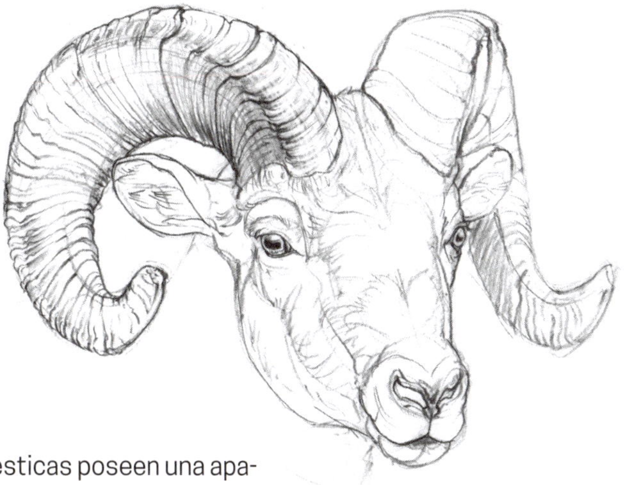

1 **2** **3**

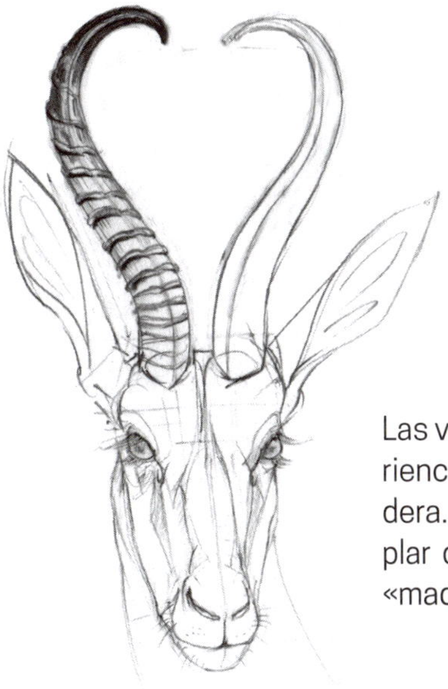

Cabeza de gacela saltarina

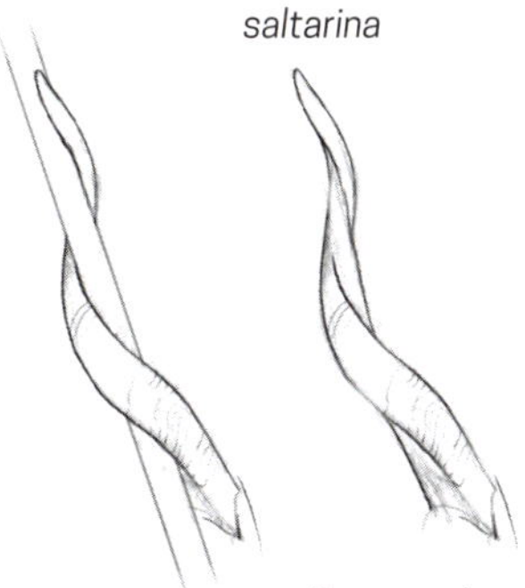

Las vacas domésticas poseen una apariencia derivada de la selección ganadera. Aquí tenemos un hermoso ejemplar de vaca **parthenaise** con los ojos «maquillados» de negro.

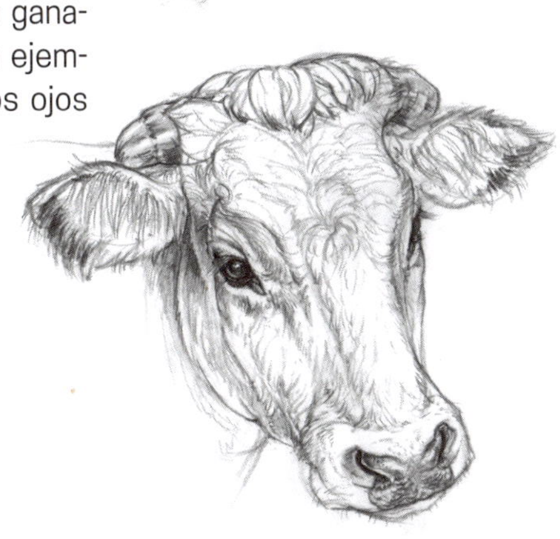

Para las torsiones de los cuernos, como en estos del **bongo**, podéis dibujar un tubo imaginario alrededor del cual enroscar el volumen.

Cuernos de bongo

Los cérvidos

Esta familia de mamíferos rumiantes herbívoros contiene más de 40 especies en todo el mundo, con patrones muy distintos en cuanto a su peso y talla. El marcado dimorfismo sexual permite distinguir a los machos adultos por sus cornamentas, que les crecen anualmente durante la época de celo y les caen luego (con excepción de las hembras del reno, cuya cornamenta es perenne). Tales excrecencias óseas son caducas.

Los cérvidos son **unguligrados** y **artiodáctilos**, como los bóvidos.

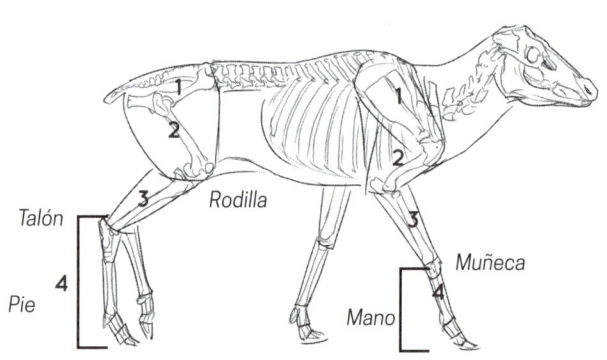

Talón
Rodilla
Pie
Muñeca
Mano

1: cinturas; 2: estilópodos
3: zeugópodos; 4: autópodos

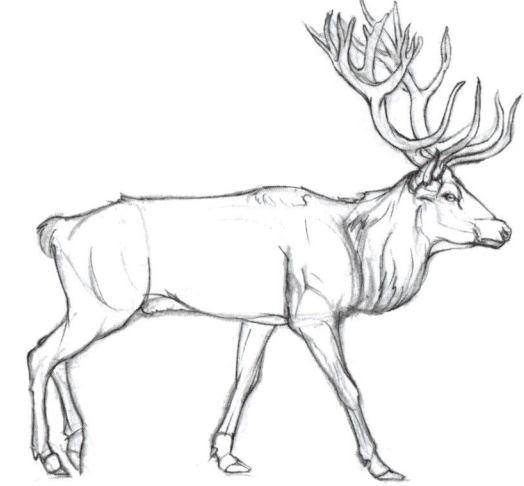

El **ciervo rojo** (*Cervus elaphus*) tiene una silueta alargada, cuyo tren posterior parece proporcionalmente corto. En el caso de los machos, sus enormes hombros permiten soportar el peso de la cabeza.

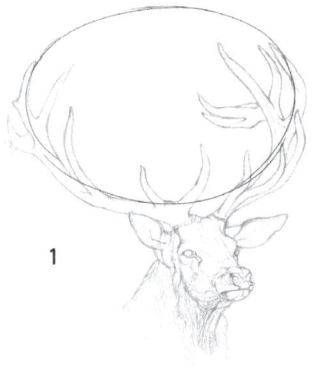

1

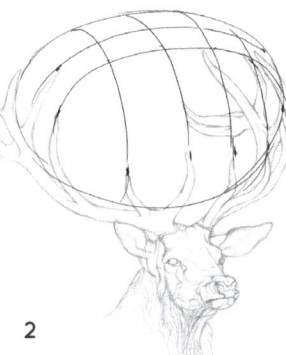

2

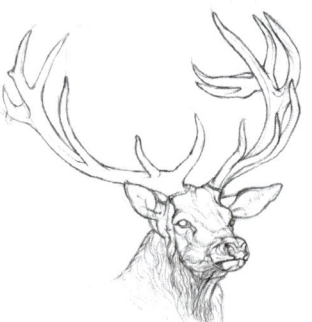

Dibujar la cornamenta

Las astas crecen de forma simétrica en tres dimensiones.

Para ayudaros a construirla, imaginad una especie de huevo colocado sobre la cabeza del ciervo (**1**).

A continuación, pegad las astas alrededor con la ayuda de una rejilla (**2**).

Su textura es levemente grumosa, pero, atención, pues puede tener una rugosidad vellosa según su etapa de crecimiento.

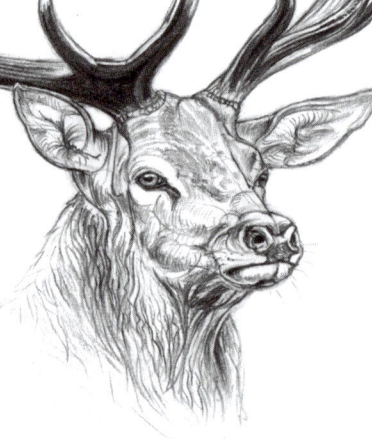

Por debajo del ángulo interno del ojo se encuentra una glándula que permite dejar una marca odorífera al frotarse con la vegetación.

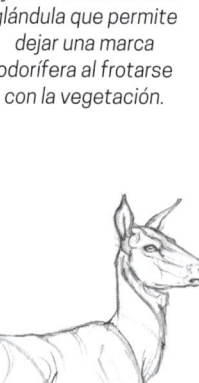

Como los bóvidos, los cérvidos poseen dos uñas de apoyo y dos espolones (o uñas secundarias) que no están en contacto con el suelo.

Hembra del Cervus elaphus

La diversidad de las formas

El ciervo (Hydropotes inermis)

También conocido como «venado acuático chino», es la única especie de cérvido que no posee cornamenta. En compensación, el macho posee largos dientes caninos que le permiten defenderse al enfrentarse con sus rivales.

Sus largas patas le permiten también maniobrar con facilidad en los terrenos húmedos.

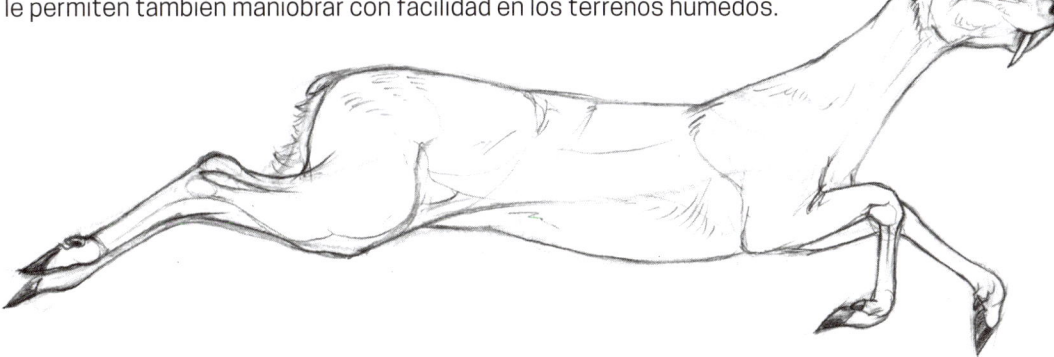

El alce (Alces alces)

Es el más grande de los cérvidos. Su corto cuello le impide comer plantas a ras de suelo, pero con sus grandes patas es capaz de alcanzar el follaje hasta una altura de tres metros. Gracias a sus grandes pies, parcialmente palmeados, es capaz de moverse a su antojo en el agua. Es capaz de contener la respiración y obstruir sus fosas nasales con tal de atrapar las algas. Los machos tienen una cornamenta grande y achatada.

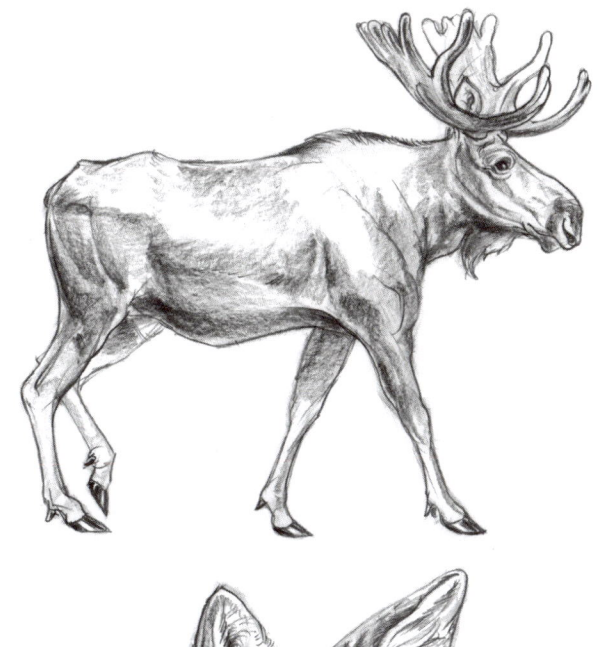

Orejas altas y de gran movilidad

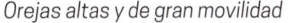

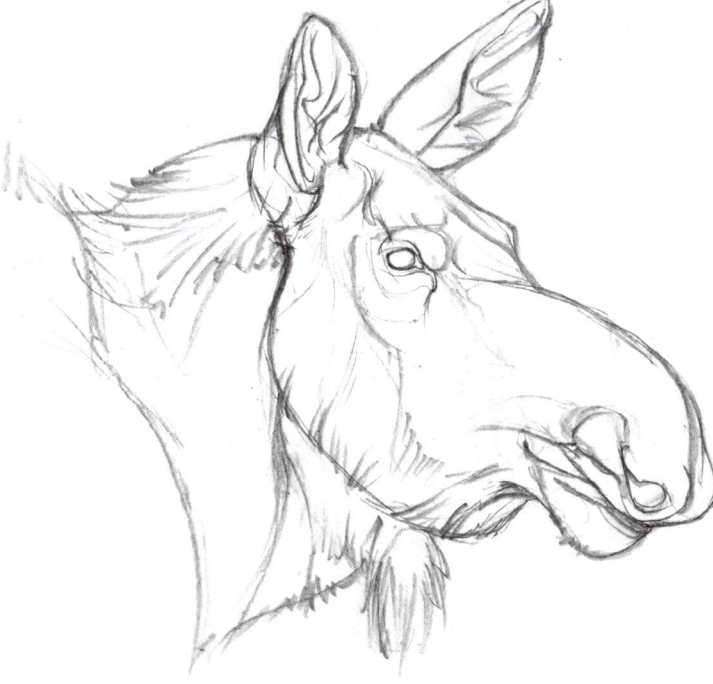

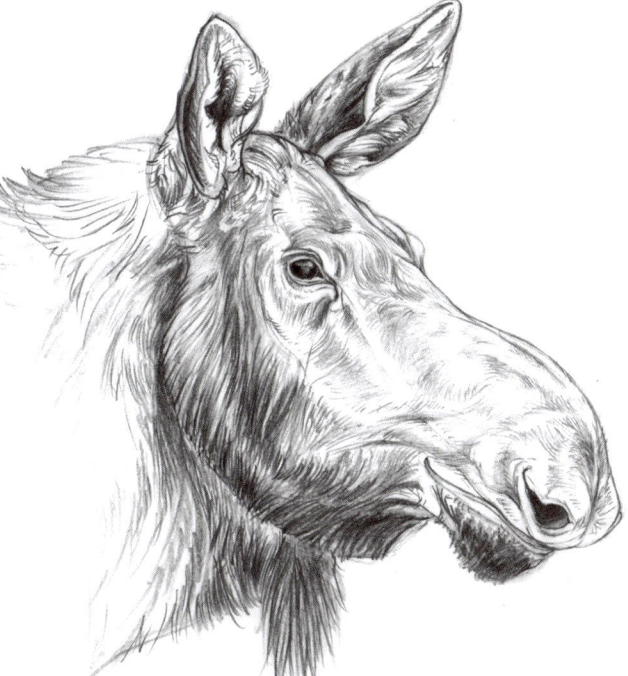

El pelo es más largo por debajo de la cabeza (barba).

Los lepóridos

Esta familia de mamíferos herbívoros comprende los conejos y las liebres (que no son roedores, sino **lagomorfos**). Estos «brincadores» de grandes orejas están equipados para escapar rápidamente de los numerosos depredadores que codician su carne. Sus incisivos están en constante crecimiento. A diferencia de los roedores, no emplean sus dientes anteriores para agarrar los alimentos y llevárselos a la boca. Se desplazan sobre la planta de los pies o de las manos según estén andando o brincando.

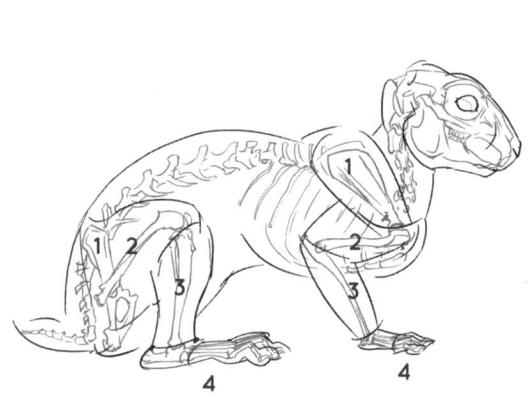

La columna vertebral es muy flexible.

Los miembros posteriores están proporcionados con tal de favorecer el salto. Poseen tres partes casi de la misma extensión (estilópodo **2**, zeugópodo **3** y autópodo **4**) que forman una «Z» cuando el miembro está en posición de reposo.

La cola es corta.

Saltar

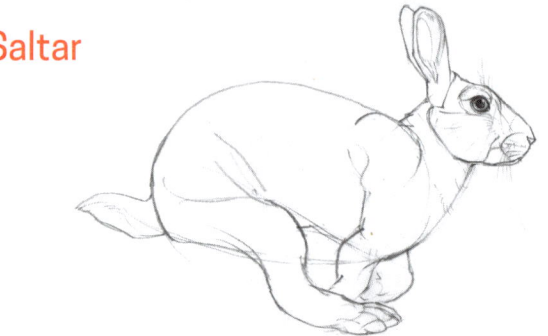

Los conejos se desplazan a menudo a saltos. Los miembros posteriores se colocan muy adelante bajo el cuerpo de forma sincronizada gracias a la elasticidad del raquis. Estos apoyos ayudan a propulsar la masa hacia delante durante la extensión.

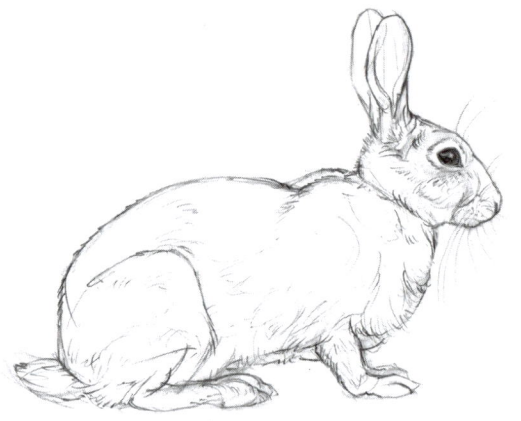

El conejo europeo o conejo común
(Oryctolagus cuniculus)

Su pelaje denso hace casi imperceptible la silueta de los miembros situados bajo el cuerpo.

Sus garras no retráctiles son largas para poder horadar y agarrarse al suelo durante el desplazamiento.

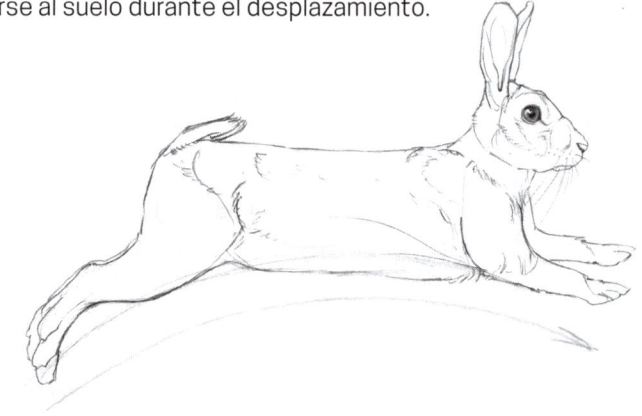

La elasticidad del cuerpo permite economizar la energía muscular, favoreciendo la extensión.

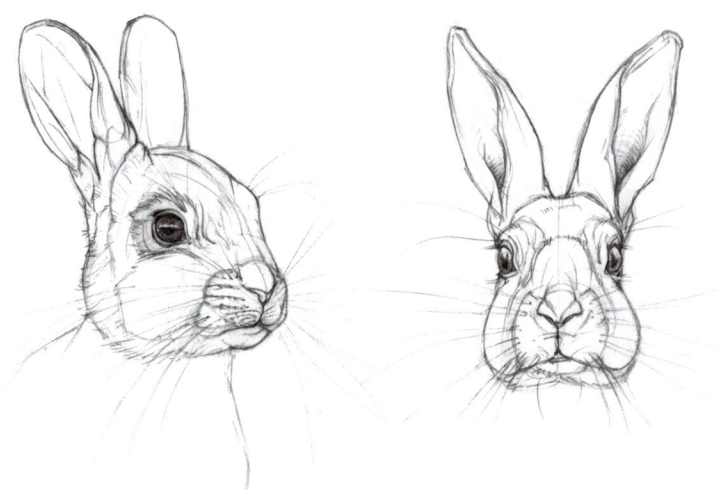

La morfología de la cabeza

Las **orejas** son muy grandes y están situadas en lo alto de la cabeza.

La **nariz** es discreta y en forma de «V».

El **labio superior** está partido verticalmente.

Las **mejillas** son voluminosas.

Las **vibrisas** (bigotes) son muy largos.

La diversidad de las formas

La liebre europea o liebre común *(Lepus europaeus)*

Tiene una silueta más elevada y sus miembros son más largos que los de los conejos. La liebre es una verdadera velocista de largas distancia, debido a que no vive en una madriguera. En casos de emergencias, se ve obligada a encontrar varios escondrijos a menudo alejados entre sí. Sus crías nacen con pelo y los ojos abiertos, y al poco tiempo son capaces de desplazarse por sí mismas.

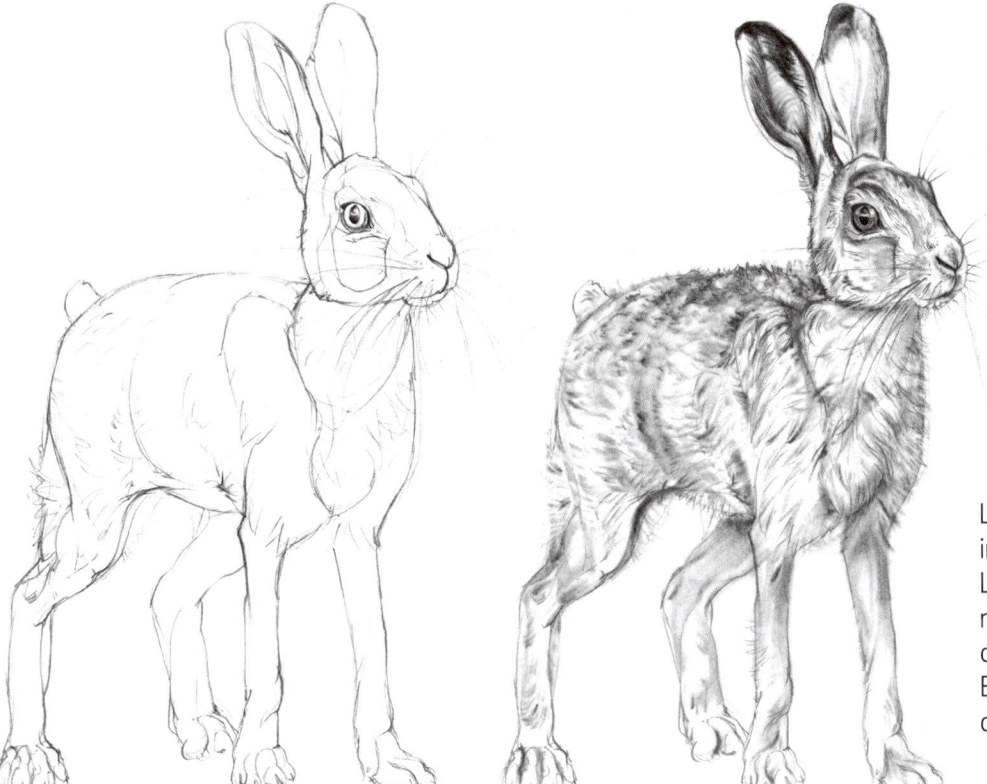

La punta de las orejas es negra y los iris son claros.
La elaboración gráfica del pelaje se realiza mediante polvo de grafito y el difuminado.
El resultado obtenido crea un efecto de vellosidad espesa (borra).

El conejo doméstico

Todos los conejos domésticos proceden del conejo común. Los criadores han desarrollado todo tipo de colores y formas, aunque son incapaces de llevar una vida salvaje.
Las orejas caídas de este joven **conejo belier** le dan un aspecto tristón muy entrañable.

Los peces

Abordamos ahora el grupo de los peces óseos de aletas radiadas, los **actinopterigios** (por lo tanto, ni los tiburones, ni las rayas ni los celacantos). Con más de 30 000 especies, poseen una gran diversidad de formas, tipos de alimentación y sistemas de locomoción. La vida acuática impone un gran número de adaptaciones que son comunes a todas las especies.

Construir el cuerpo

Tomemos como ejemplo la **perca de río** (*Perca fluviatilis*).

Aleta dorsal (aquí dividida en dos)

Aleta caudal

Línea lateral (órgano sensorial)

Cabeza

Ojos

Fosas nasales

Boca

Aletas pectorales

Aletas pélvicas

Cola

Aleta anal

Aletas de radios flexibles (radios segmentados y articulados)

Aletas de radios duros (espina de un solo pedazo)

Aletas pares ligadas a las cinturas óseas

Opérculo óseo que protege las branquias (órganos respiratorios)

Las aletas aseguran la estabilidad y la locomoción del pez. Si esta base anatómica es la misma para todas las especies, las aletas pueden ser pequeñas o grandes o a veces estar ausentes.

*Las **aletas impares** están situadas sobre la línea mediana del cuerpo. Se trata de la aleta dorsal (espalda), la caudal (cola) y la anal.*

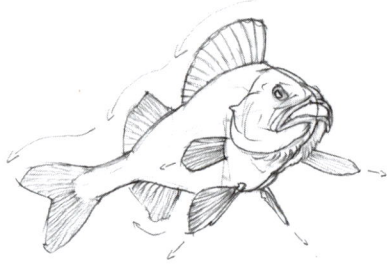

*Las **aletas pares** están colocadas de forma simétrica en ambos costados del cuerpo (homólogas de brazos y piernas). Se trata de las pectorales y las pélvicas.*

Dibujar las aletas

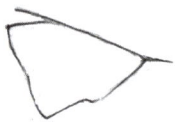

1. Dibujar los contornos con formas simples, pero precisas.

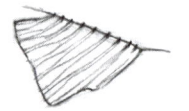

2. Contad las bases de los radios y trazadlos en la dirección adecuada. Cuidado, se advierten en los extremos (radios flexibles).

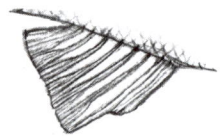

3. Detallad las divisiones y las texturas.

Detallar las formas y los colores

Formad las escamas mediante una cuadrícula (véase la página siguiente).

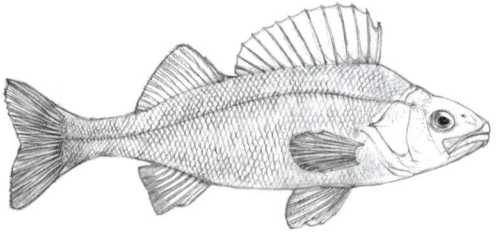

Para añadir volumen, evitad dibujar todas las escamas de igual medida. Respetad los motivos y los contrastes.

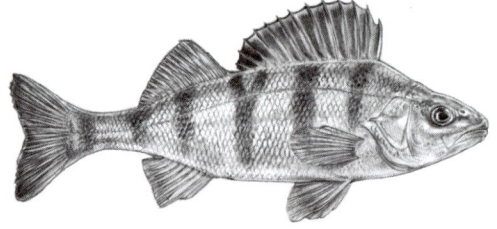

El revestimiento de los peces nos reserva constantes sorpresas. Pequeñas o grandes, las escamas de los peces no siempre están a la vista. A menudo pueden ser difíciles de ver por los motivos o el contraste del color.

¿Dos especies distintas? ¡No! Se trata de ejemplares de **pez ángel emperador** (*Pomacanthus imperator*), pero en diferentes etapas de su vida.

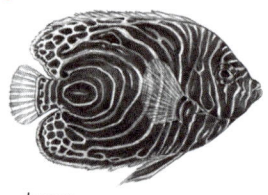

Joven

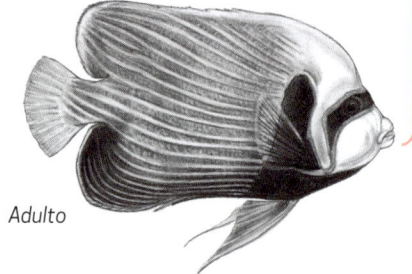

Adulto

Las distintas formas de boca

La forma de la boca depende del sistema de alimentación del pez.

La **perca** se alimenta mediante aspiración, abriendo rápidamente su cavidad bucal para que entre agua y arrastre consigo a su presa. En ese momento, los huesos de la boca se desplazan hacia delante.

Ya sean en punta hacia arriba para alimentarse en la superficie, pequeña y precisa, poblada de dientes, o bien tubular y aspirante, cada boca tiene sus particularidades.

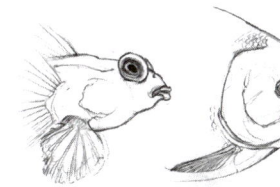 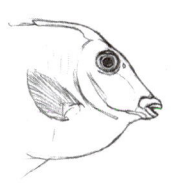 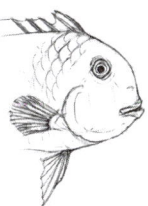 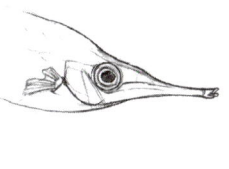

Dibujar las escamas

Mayoritariamente, las escamas están dispuestas en hileras superpuestas, como si fueran tejas, facilitando que el agua se deslice a lo largo del cuerpo, de la cabeza a la cola.

Empezad observando el pez, entornando los ojos para dar con la **cuadrícula de construcción** de las escamas: **es la clave** para dibujarlas con éxito. Decidid el espaciado, el número y la dirección de las hileras.

Una vez emplazada la cuadrícula, basta con dibujar las escamas en cada casilla.

No existe ninguna cuadrícula «mágica», pues cada especie tiene la suya. Pongamos, por ejemplo, la **arowana amazónica** (*Osteoglossum bicirrhosum*), que posee escamas grandes y visibles.

1. Dibujad la línea lateral, el órgano sensorial visible de la cabeza a la cola.

2. Observada en varias fotografías, la cuadrícula de este pez nos muestra que las escamas siguen la línea lateral. Contad y trazad varias líneas horizontales paralelas a esta.

3. Contad y situad las líneas verticales siguiendo el volumen del cuerpo.

4. Dibujad las escamas.

5. Añadidle varios valores de gris para darle volumen.

*Si el pez está en movimiento, ajustad la cuadrícula
a la perspectiva del cuerpo.*

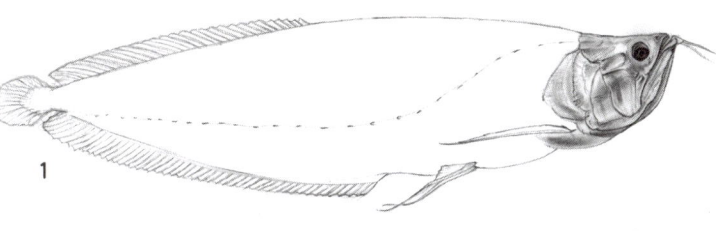

1

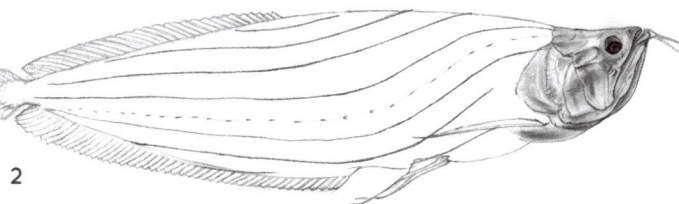

2

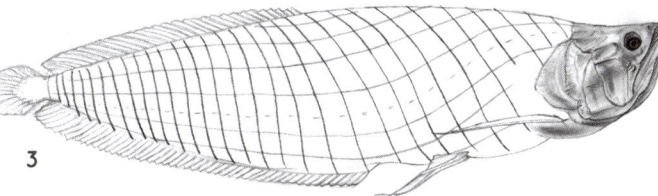

3

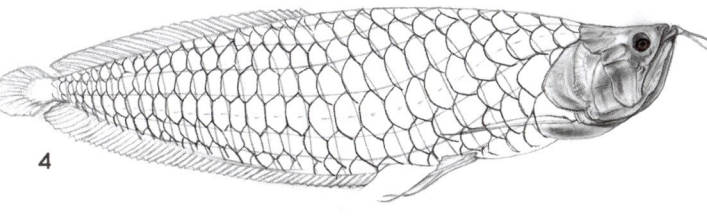

4

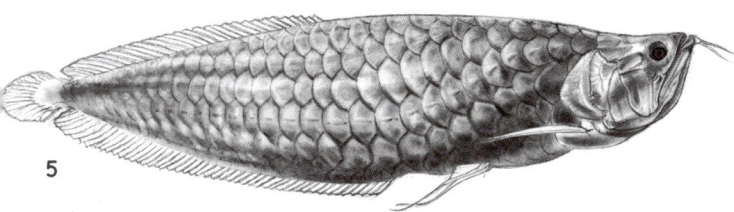

5

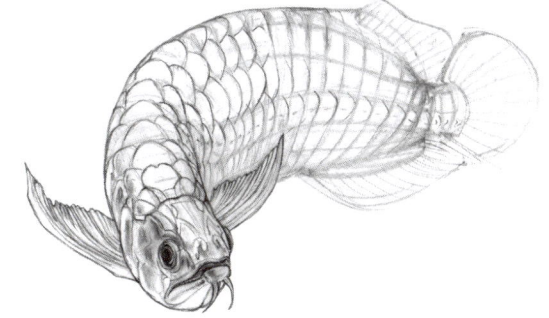

Nadar

Para los desplazamientos en el agua, identificaremos principalmente dos movimientos.

La ondulación

Es el resultado del desplazamiento de delante hacia atrás de **ondas** de contracción. Ello implica un movimiento lateral que propulsa al pez. Tened cuidado, pues si representáis un movimiento ondulatorio, debéis saber que la zona del cuerpo que se pone en movimiento depende de cada especie (en los dibujos siguientes, la zona activa está marcada en gris oscuro).

La **anguila** vista desde arriba ondula a lo largo de todo su cuerpo.

El **atún** tiene un cuerpo rígido y musculoso, acostumbrado al nado rápido y constante. Para propulsarse, tan solo su cola ondula de izquierda a derecha.

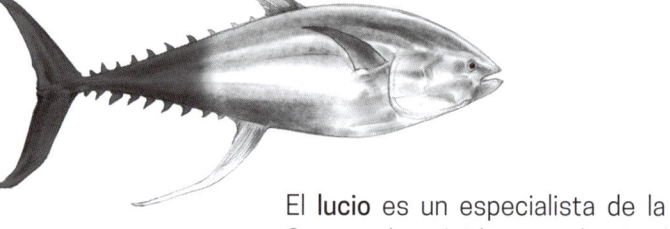

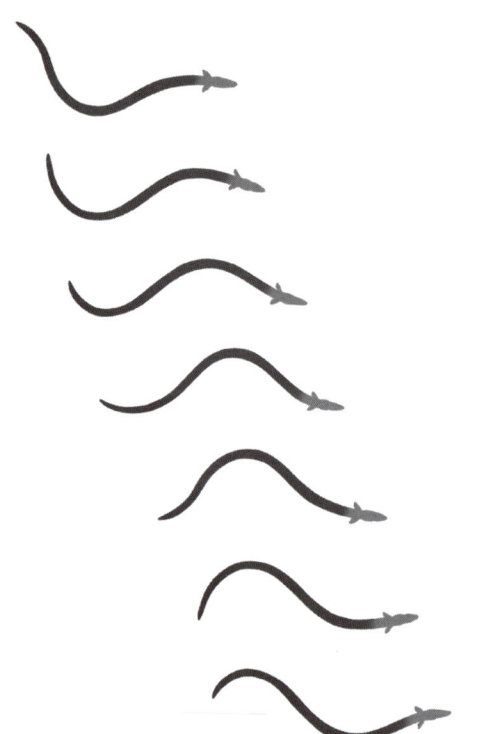

El **lucio** es un especialista de la aceleración. Se propulsa rápidamente haciendo ondular su cuerpo largo y poderoso.

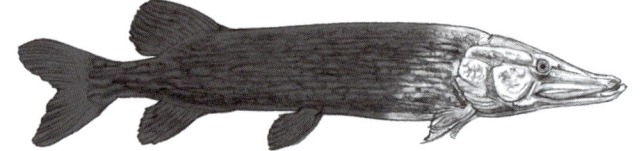

La ondulación de una aleta de implantación larga propulsa al **pez cuchillo** (*Apteronotus albifrons*) sin necesidad de mover su cuerpo.

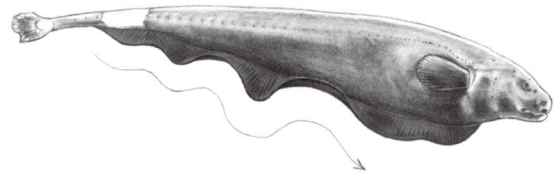

La oscilación

Esta forma de nado afecta a las aletas pectorales (**aletas de implantación corta**), que le permiten maniobrar y a veces propulsarse.
La oscilación corresponde a dos estados sucesivos en la posición de las aletas: abierta o plana de forma intermitente.

La existencia de pequeños músculos permite el movimiento independiente de cada radio de la aleta.

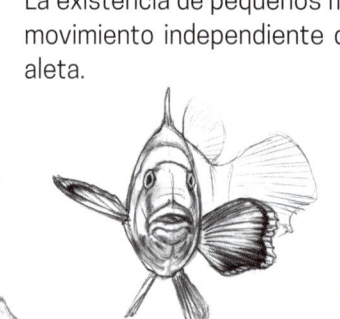

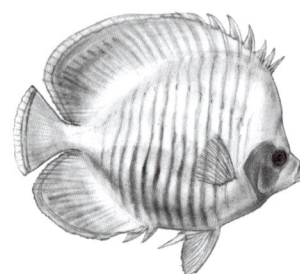

El **pez mariposa del mar Rojo** (*Chaetodon semilarvatus*) posee una silueta corta adaptada a los desplazamientos precisos en el arrecife de coral. Se propulsa gracias a sus aletas pectorales y raramente mediante la ondulación de su aleta caudal.

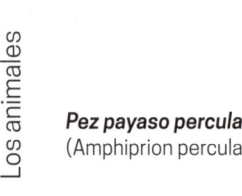

Pez payaso percula
(Amphiprion percula)

La diversidad de las formas

Los peces viven a cualquier nivel del agua. En la superficie, sumergidos o en el puro fondo, cada especie cuenta con sus especificidades anatómicas. Tomaos vuestro tiempo para decidir qué animal queréis representar. La diversidad es inimaginable. ¡Entregaos a la curiosidad!

El pez volador común (Exocoetus volitan)

Sus grandes aletas pectorales le permiten planear por fuera del agua para escapar de sus depredadores.

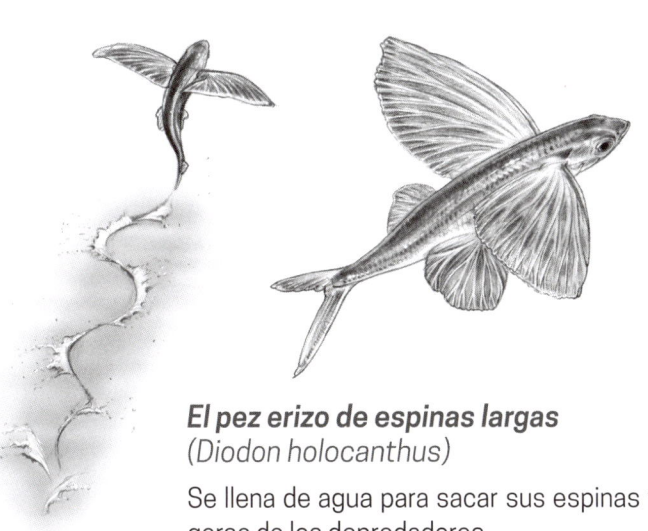

El pez arquero de bandas (Toxotes jaculatrix)

Es capaz de proyectar agua hasta dos metros sobre la superficie para derribar insectos.

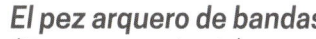

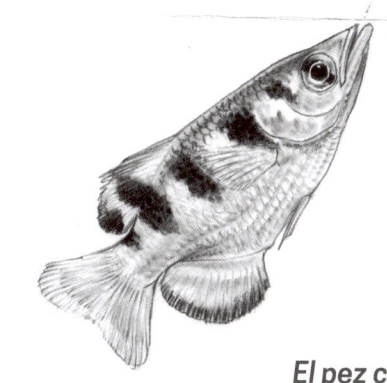

El pez erizo de espinas largas (Diodon holocanthus)

Se llena de agua para sacar sus espinas y protegerse de los depredadores.

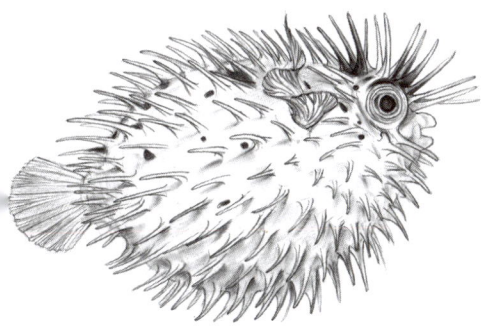

El pez cardenal pijama (Sphaeramia nematoptera)

Un pez de motivos muy originales que puede serviros de inspiración.

El pez murciélago (Ogcocephalus darwini)

Anda literalmente sobre el fondo marino gracias a sus aletas modificadas. Bajo su rostro se oculta un señuelo para atraer a las presas hacia su boca.

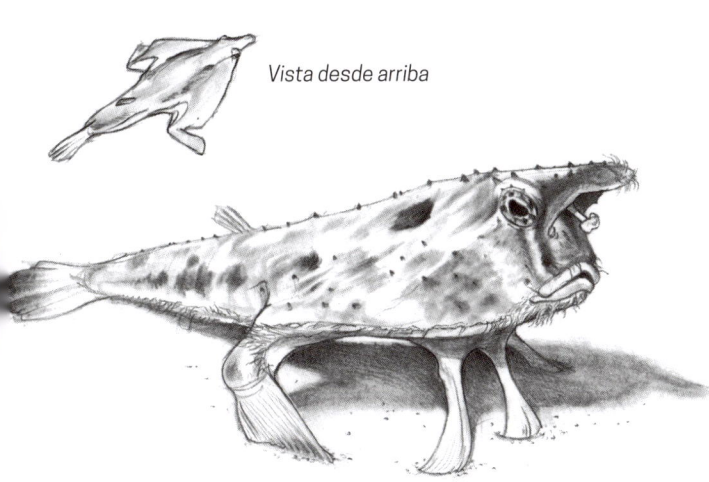

Vista desde arriba

El caballito de mar común (Hippocampus hippocampus)

Su cola prensil le permite agarrarse. Este pez sin escamas está cubierto de placas óseas.

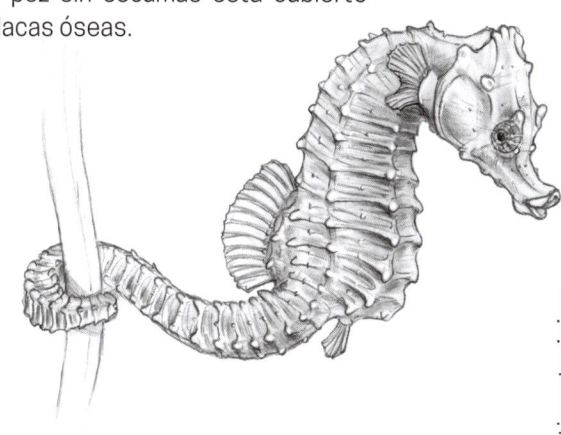

Las aves

Este grupo de vertebrados cuenta con unas 11 200 especies. Lo encontramos en cualquier medio y con todo tipo de formas de alimentación. Entre las características comunes de estos **tetrápodos**, podemos citar el pico, las plumas y el bipedismo (desplazamiento sobre dos pies). La mayoría de las especies vuela gracias a una anatomía especializada (esqueleto neumatizado, fuertes músculos pectorales, plumas asimétricas, etc.). Algunas especies son fáciles de observar, pero, para muchas otras, ¡tendréis que echar mano de los prismáticos!

Simplificar los volúmenes

Cuando un pájaro no está volando, sus alas (brazos) se repliegan a un lado y otro de su cuerpo y forman un único volumen que entonces resulta fácil de geometrizar.

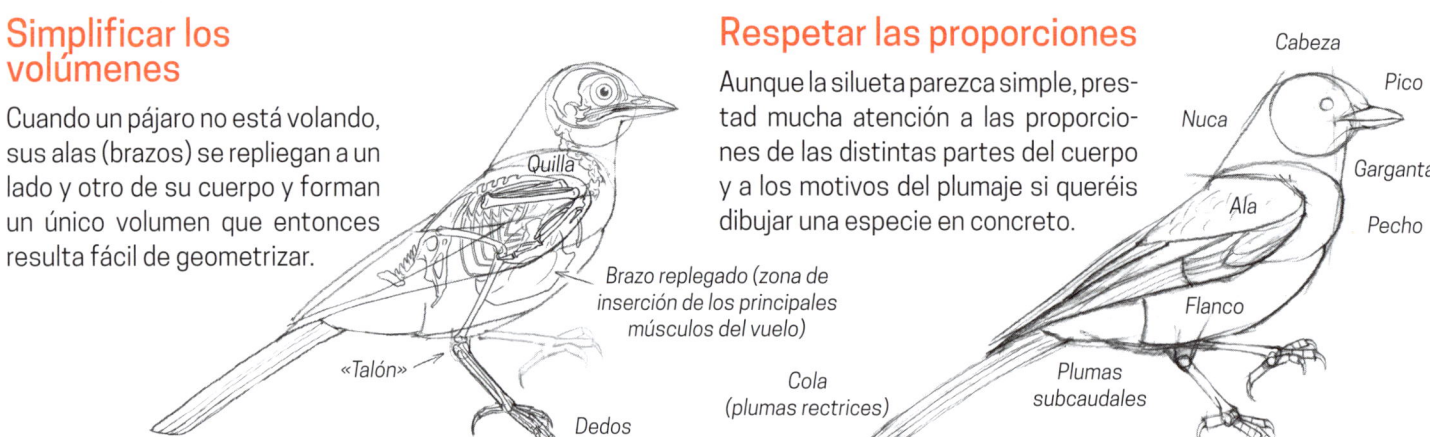

Quilla

Brazo replegado (zona de inserción de los principales músculos del vuelo)

«Talón»

Cola (plumas rectrices)

Dedos

Respetar las proporciones

Aunque la silueta parezca simple, prestad mucha atención a las proporciones de las distintas partes del cuerpo y a los motivos del plumaje si queréis dibujar una especie en concreto.

Cabeza
Pico
Nuca
Garganta
Ala
Pecho
Flanco
Plumas subcaudales

Los muslos y las piernas se confunden con la masa del cuerpo. Tan solo los pies sobresalen de la silueta.

Detallar los dedos de los pies

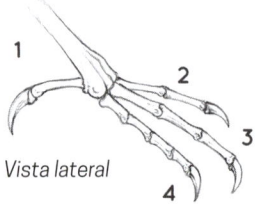

Vista lateral

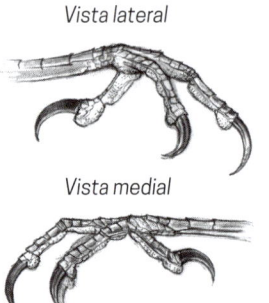

Vista lateral

Vista medial

El número y la posición de los dedos varía según la especie. La mayoría posee cuatro, pero algunas solamente tienes dos o tres dedos.

Si queréis segmentar los dedos en vuestro dibujo, cuidado con el número de falanges. Dedo 1 (pulgar): dos falanges; dedo 2: tres falanges; dedo 3: cuatro falanges; dedo 4: cinco falanges.

En el arrendajo, el dedo 3 es el más largo, y el 2 y el 4 son casi iguales. Fijaos en la piel escamosa, en «tejas», por la parte superior, y las almohadillas carnosas por debajo.

Dibujar el plumaje

Cada especie tiene su propio plumaje. Respetad los motivos, los colores y las texturas: las plumas del cuerpo no son iguales que las de las alas (véase la página siguiente).

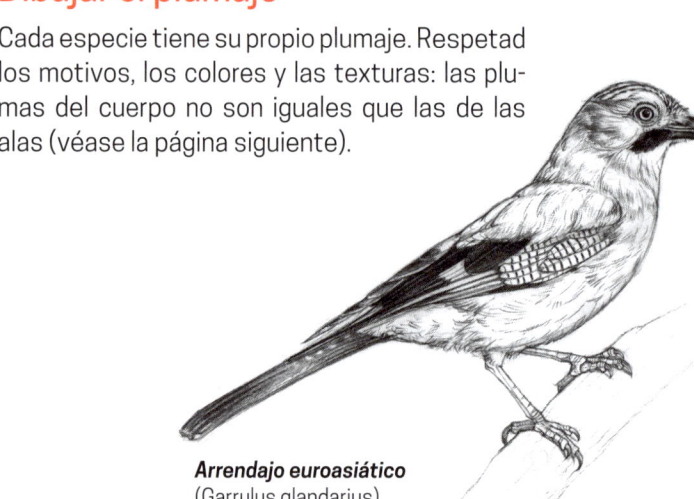

Arrendajo euroasiático (Garrulus glandarius)

El plumaje de los pájaros está repleto de sorpresas. Puede variar en el seno de una misma especie según criterios como la edad, si se trata de un macho o de una hembra, o bien según la estación (muda).

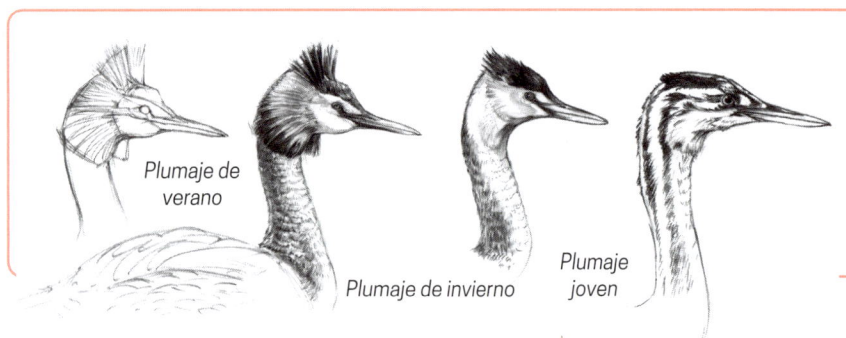

Plumaje de verano

Plumaje de invierno

Plumaje joven

Pensad en la geometrización antes de entrar en detalles. ¿Tres especies distintas? ¡No! Son tres ejemplares del **somormujo lavanco** (*Podiceps cristatus*).

La morfología del ala

Las alas sirven de motor y de apoyo durante el vuelo. Son los miembros anteriores del pájaro: sus brazos. El esqueleto de la mano está modificado en relación con el de los mamíferos, pero seguimos encontrando los tres segmentos del miembro que conocemos: brazo (**1**), antebrazo (**2**) y mano (**3**).
Del hombro al puño, piel y ligamento se estiran para aumentar la superficie del ala y reforzar la estructura (**4**).

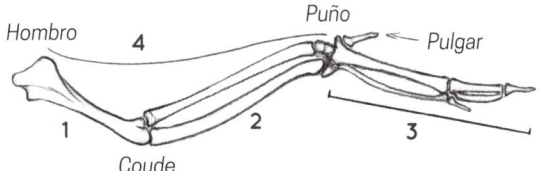

Las plumas

Las largas plumas de las alas (**rémiges**) no tienen todas la misma forma. Las del borde de ataque (**A**) son finas y muy asimétricas. Las demás tienen mayor capacidad para soportar eso, de ahí que sean más grandes (**B** y **C**). Las escapulares (**D**) son pequeñas y cortas.

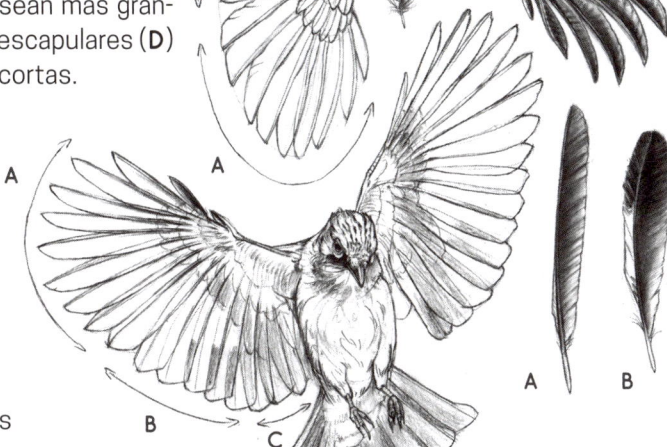

Vista desde abajo

El ala simplificada

Para construir un ala utilizad la estructura esquelética del brazo en tres fragmentos. Añadidle las plumas:

- sobre la mano, dibujad las **rémiges primarias** (**A**) y las **álulas** (plumas al pulgar, **a'**);
- sobre el antebrazo, las **rémiges secundarias** (**B**);
- sobre el brazo, las **rémiges terciarias** (**C**);
- por encima, añadid una hilera de pequeñas plumas llamadas «**coberturas primarias y secundarias**»;
- en la zona restante, dibujad las **medianas y pequeñas coberturas secundarias** (**b'**);
- en el hombro, no os olvidéis de las plumas **escapulares** (**D**).

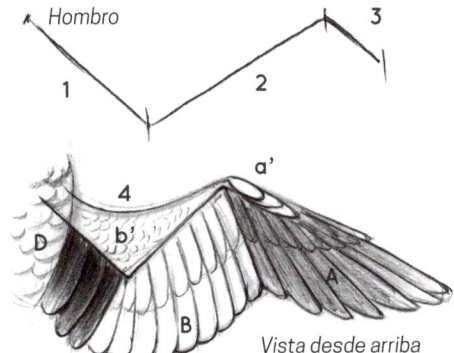

Vista desde arriba

Las plumas de la cola (**rectrices**) son las que permiten los cambios de dirección y el frenado.
Para dibujarlas, ubicad en el centro la más alta, en el eje del cuerpo. Las siguientes deben deslizarse por debajo, a uno y otro lado, en una escalera descendiente.
Sobre el cuerpo, pequeñas y aterciopeladas, las plumas sirven principalmente de aislante térmico.

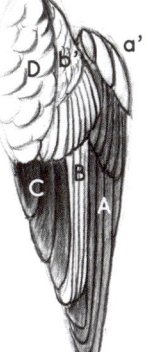

Cuidado, pues, **vistas desde arriba**, cuando el pájaro pliega su ala, se trata de las plumas que quedan más alejadas del cuerpo y que pasan por **DEBAJO** de las demás. Sucede lo inverso si lo vemos desde abajo.

Algunas plumas sirven solamente para engalanarse durante las paradas nupciales. Aquí, un macho de **ave del paraíso real** (*Cicinnurus regius*).

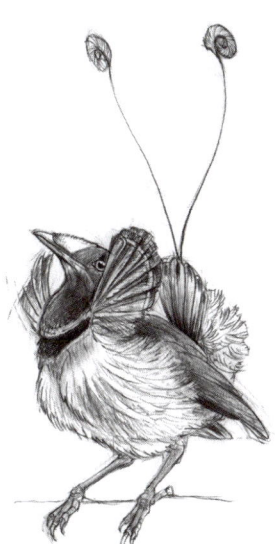

El vuelo

Las fases del vuelo batido

Distinguimos muchas clases de vuelo, que varían según el ritmo, el movimiento o incluso la trayectoria. La más conocida es la del vuelo batido, si bien también la más costosa en términos de energía. Se trata del aleteo sincronizado de ambas alas. Distinguimos dos fases principales (esquematizadas mediante el vuelo de la gaviota).

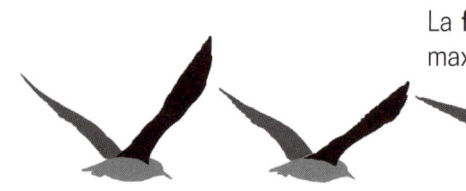

La **fase descendente**: el pájaro empuja hacia abajo sus alas desplegadas para maximizar su fuerza de sustentación y su «apoyo» en el aire.

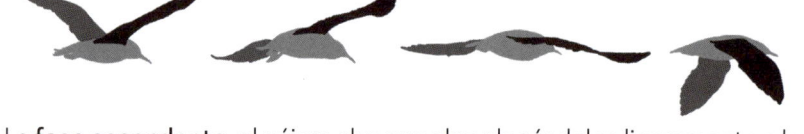

La **fase ascendente**: el pájaro alza sus alas plegándolas ligeramente a la altura de la muñeca y las vuelve a desplegar una vez alcanzado su punto más alto.

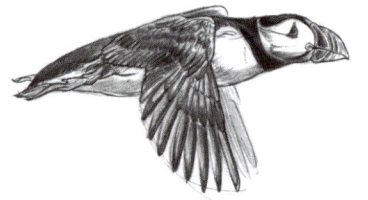 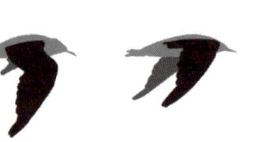 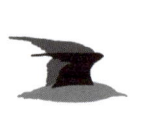 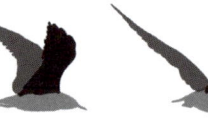

Con las alas ligeramente replegadas, este ejemplar de **frailecillo atlántico** (*Fratercula arctica*) es capaz de volverlas a alzar sin perder altura. Si representáis un vuelo batido, no os olvidéis de esta fase.

Correlación entre la silueta y el tipo de vuelo

Para dibujar una especie en concreto, os animo a observar su silueta en pleno vuelo. Existen morfologías que se corresponden a los tipos particulares de vuelo.

Muchas especies practican por lo general el **vuelo planeado**. Durante este vuelo, que gasta muy poca energía, el pájaro tiene las alas desplegadas y se vale de las corrientes de aire cálido (**A**, buitre) o los aires marinos (**C**, albatros) para dejarse llevar. En casos así, el aleteo es ligero e infrecuente.

Las aves planeadoras poseen extensas alas.

Las alas digitadas (formadas por dedos en su extremo) de los cuervos (**B**) y de otras especies les permiten una gran maniobrabilidad. Virajes apurados, picados y piruetas los convierten en verdaderos acróbatas.

Ciertos pájaros (**D**) poseen un ciclo de vuelo característico que alterna el batir activo de alas con fases de inmovilización. El ritmo de dicha alternación podría ser una clave para su identificación.

Los halcones (**E**) poseen alas perfiladas para alcanzar su punta de velocidad.

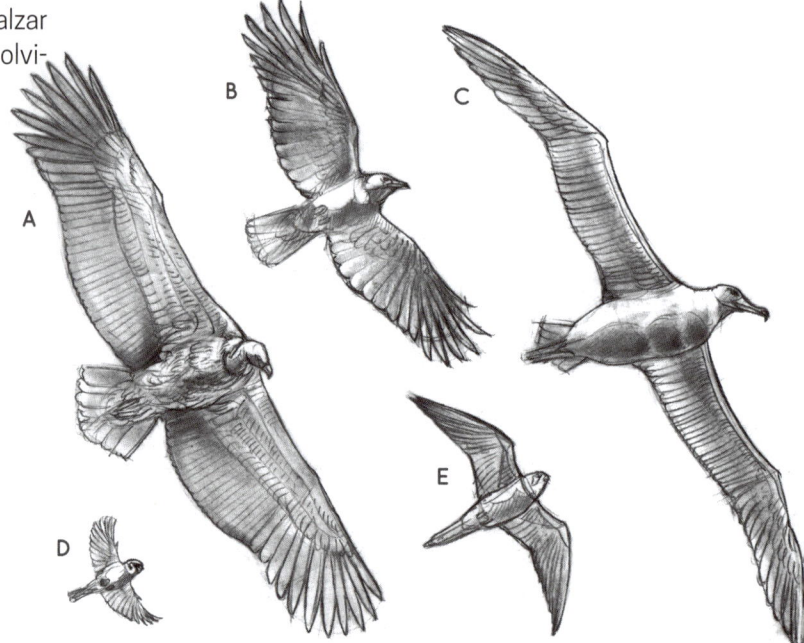

¿Volar hacia atrás? ¡Está al alcance de los **colibríes**! Su vuelo estacionario tan particular les permite una gran precisión durante su desplazamiento, indispensable para extraer el néctar de las flores. Aquí, el *Lophornis delattrei*.

La diversidad de las formas

La morfología de un pájaro nos habla de su modo de vida. Existe una gran variedad de picos y patas. Tenedlo en cuenta durante vuestras observaciones. Si estáis construyendo un personaje, recordad que el cuerpo de vuestras criaturas debe corresponderse con su forma de vida.

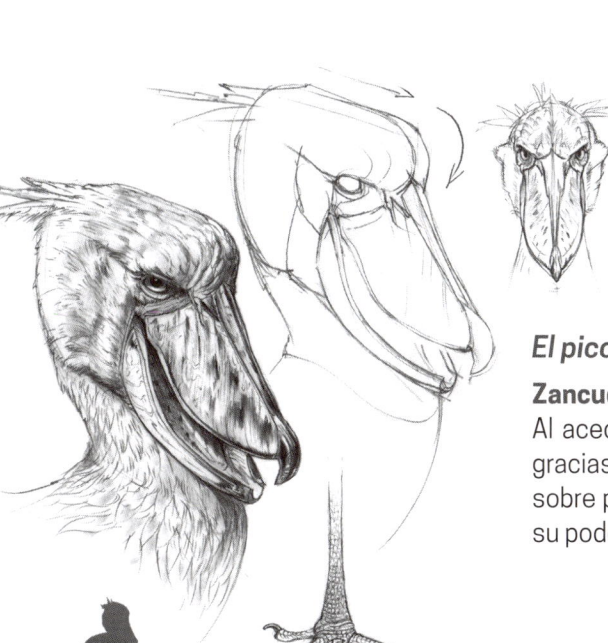

Pico picapinos (Dendrocopos major)

Trepador

Se apoya en su cola para estabilizarse en posición vertical y amortiguar los picotazos que le asesta al tronco para buscar alimento.

El picozapato (Balaeniceps rex)

Zancudo

Al acecho sobre sus grandes patas, estabilizado gracias a la separación de sus dedos, se abalanza sobre peces y otras presas, que logra atrapar con su poderoso pico.

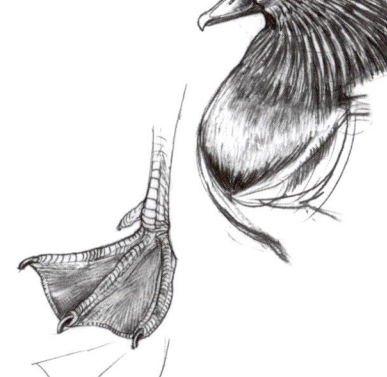

El pato mandarín (Aix galericulata)

Nadador

A veces domesticado como pájaro ornamental, este pato salvaje tiene dedos en forma de palma que le permiten propulsarse en el agua. Aquí, un macho con plumaje nupcial.

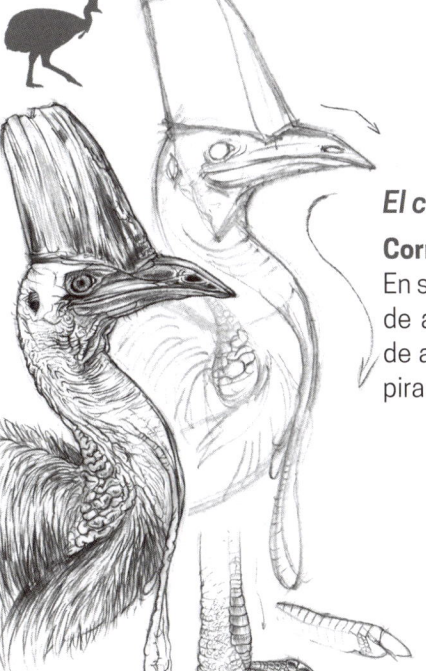

El casuario común (Casuarius casuariu)

Corredor que no vuela

En su fase adulta, puede alcanzar 1,80 metros de altura. ¡Con sus fuertes piernas es capaz de alcanzar… ¡los 50 km por hora! Podéis inspiraros en él si queréis dibujar un dinosaurio.

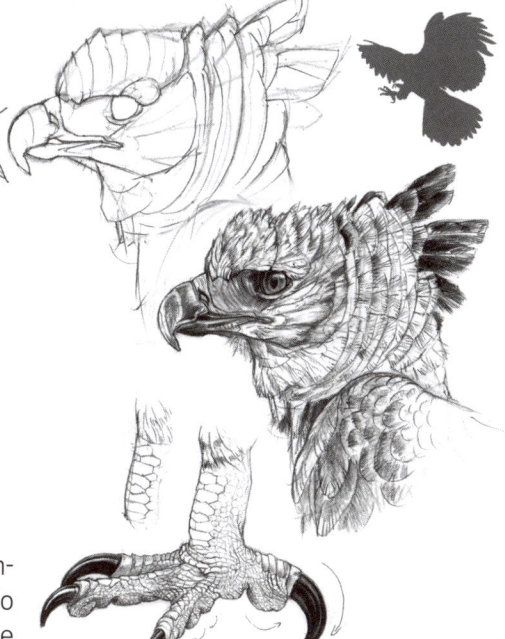

El águila arpía (Harpia harpyja)

Cazador (rapaz)

Dotada de una aguda vista para vislumbrar sus presas, garras y un pico ganchudo para atrapar y despedazar. La caza no tiene secretos para este pájaro.

Bibliografía

Franco de Carli, *L'Univers inconnu des poissons en couleurs*, Elsevier Séquoia, 1976.

Christophe Degueurce y Hélène Delalex, *Beautés intérieures, L'animal à corps ouvert*, catálogo de exposición, Réunion des musées nationaux, 2012.

Bruno Dubrac, Serge Nicolle y Hervé Michel, *Guide des oiseaux de Poitou-Charentes et Vendée*, Hypolaïs, 1999.

Wilhelm Ellenberger, Hermann Alois Baum, et al., *An Atlas of Animal Anatomy for Artists*, Dover Publications, 1956.

Martin S. Fischer y Karin E. Lilje, *Dogs in Motion*, VdH, 2014.

Michel Lauricella, *Mamíferos: morfología comparada* (Anatomía artística, 9), Editorial GG, 2023.

Guillaume Lecointre y Hervé Le Guyader, *La Classification phylogénétique du vivant*, vol. II, Belin, 2017.

Sabine Renous, *Locomotion*, Dunod, 1994.

En la misma colección

Michel Lauricella, *Dibujar personajes*, Editorial GG, 2024.

Yves Leblanc, *Dibujar la perspectiva*, Editorial GG, 2024.

Enrique Etievan, *Dibujar la sombra y la luz*, Editorial GG, 2025.